山本晋也

JN247421

風俗という病い

GS
幻冬舎新書
437

序章

世の中、屈んで、低いところから見るとよく分かる。何、覗《のぞ》き屋の視線なのだけれども、その道にも精通していた放浪詩人の金子光晴はそう言っていた。男と女については、「おなじものを別の感性で受けとり、おなじことばで、別のなかみを喋《しゃべ》る」とその詩の中で表現している。男については「はじめて抱きよせられて、女の存在がふわりと浮いて、なにもかも、男のなかに崩れ込むあの瞬間。あの瞬間だけのために、なんべんでも恋をする。あの瞬間だけのために、わざわざこの世に生れ、めしを食ひ、生きてきたかのやうに」と。

作家の川上宗薫《そうくん》は晩年、銀座のホテルの部屋に馴染《なじ》みのホステスらを呼び出しては、金を払い、お尻の穴を観察していた、と聞いている。そして死の床に就いたとき、女房を呼んで、その足の付け根に指を沈めて、こう言ったそうだ。

「ああ、あったけえなあ」

野坂昭如《あきゆき》は少年愛の気《け》もあったようで、若い頃、私は襲われそうになったことがある。

力が本当に強く、首に噛《か》みついてなんとか切り抜けたものの、恐怖を感じた。

かく言う私も、まっさらとは言えない。日大藝術学部の学生時代、応援団には余興でオナニーの大会があって、先輩たちの前でずらりと整列して射精を競わされた。目を閉じて妄想に耽ることも許されず、かといって負けて敗者復活戦に出るのも嫌で追い詰められたとき、どうしたかというと、隣で元気よく手を動かしている同級生を見て、興奮している自分がいたことを忘れていない。

性欲という欲動、情動に突き動かされて人類は行動している。それによって、あまたの芸術作品を生み出す一方、暴力沙汰も生み出す。言いしれぬ性癖によって、塀の中に入れられる輩《やから》も数え切れない。金銭が絡む風俗となると、犯罪と隣り合わせの面は否めない。

どれだけ知識を蓄えようと、研究しようと、解明しきれていない、この性欲という病いは人間にとって、私たちにとって、何なのだろうか。23歳からあまたのピンク映画を監督し、ネオン街で風俗を取材し、そこで働く女や、そこに吸い寄せられる男たちと交わりながら、そんな疑問を持ち続けてきた。

正直に言って、その解答を得ているわけじゃない。一生かかっても、無理かもしれない。

全ては無に帰し、努力は泡と消え、このかけがえのない地球もいずれ太陽に飲み込まれ消滅することは分かっている。だが半世紀以上にもわたって、見聞きし、ネオン街を歩いてきた記憶がある。今も歩いている。今回改めて、日常の一般社会からは隔絶されたところで性と向き合う人たちと出会い、話を伺い、触れ合ったことで、人の生と死の狭間《はざま》、その深淵《しんえん》を覗いた。

それを語ろうと思う。

風俗という病い／目次

序章　3

第一章　2020年への『トゥナイト』　11

昼下がりの情事　12
酔狂の求道者たち　20
デリヘルの勝者　29
SM女王の数奇な人生　35
老舗ファッションヘルスからの眺め　48
ストリップ、テレクラ、JKビジネスの光と影　55
ゴールデン街の灯りは揺れて……　65

閑話休題①　男らしくやりたいナ　男らしくやれないナ　69

第二章　苦渋に満ちた青春の性　75

最初の風俗嬢　76

マッチ売りのおばさんと、スケッチ屋のお姐さん 82
東京五輪1964 85
日本製コンドームが世界を席巻した夜 89
消えた「サカサクラゲ」が意味するもの 95
閑話休題② チャンチキチャンチキ、チャンチャンチャン 101

第三章 狂乱と泡沫の性 105

パンティを脱いだ女子大生たち 106
援交少女たちのDNA 112
シロウトとクロウトの境界線 116
乱れる団地妻たちの「貞操帯」 119
スワッピング実況中継のビョーキ度 123
大人のおもちゃとパートの主婦 126
歌舞伎町のネオンと世情 128
閑話休題③ 女は男にとって味方なのか敵なのか 137

第四章　変革と混沌の性　141

熱海芸者の秘技　142
満たされぬ青春の「ホン水」　144
場末の二番館、下町未亡人の慕情　151
花と蛇……酔狂の先達たち　156
ディープ・スロートを吉原がKOした日　160
立川談志との壮大で危険な世界道中　162
赤塚不二夫、タモリ、所ジョージとの面白グループ再録　166
新宿のぞき屋じいさんの最期　169

第五章　老齢社会の性と生　173

鶯谷　174
バイブバーの女たち　183
射精しない男、見せたい女たちの群れ　186
美女カップルの見る夢　190
オトコノコという生き方　193

年収5万円でも幸せの国 197
山谷できぼうの灯をともす 205
吉原大門の向こうで…… 235
終章 245

構成 長昭彦

第一章　2020年への『トゥナイト』

昼下がりの情事

歌舞伎町でいえば、コマ劇の跡地に新宿東宝ビルができて、また転換期というか、潮目が変わりましたね。てっ辺にゴジラの像があって、ゴジラはもともと反戦反核のシンボルなのだけれども、どうもそれとは違う方向に進んでいる。

ビルを見上げていると、客引きが「おっ」と顔を向け、疲れたスーツに白髪交じりのサラリーマンは口元をにやりとさせます。弐番館の劇場でひとりこっそり、『未亡人下宿』を観たとか、深夜、家族に隠れてテレビにかじりついた思い出が蘇るのでしょう。私だと気づいても、表だって話しかけてきたり、サインを求めてくることはまずない。大抵がそっと目配せして、伝えてくる。面白い時代でしたね。観ていましたよ。懐かしいですね、などなど。

中国人観光客の集団をゆっくりとやり過ごし、ネオン街を歩けば、ノーパン喫茶にファッションマッサージ、キャバクラと、ネオンがギラギラだった当時の残滓《ざんし》というか、残り香のようなものが感じられ、1950～60年代のあの勢い、喧噪《けんそう》、70～80年代のあの狂騒狂乱の果てに、このアジア最大の歓楽街が存在していることが分かる。狂乱の宴は泡と消え、90年代からの長く暗いトンネルがいつまで続くのかと思っていたら、暗黒の時代に時計の針が逆回りしはじめた。歌舞伎町の標語に「清く正しくいやらしく」というのがあるのですけど、今はそれを政府が公然とやっているのだから、全く、いやらしいったらない。

あずま通りにある行きつけの「喫茶室ルノアール」の貸会議室でアイスコーヒーをすすり、煙草の煙が立ち上っていくのを追って、世情を考えてみる。お上というのは、何十年かに1回くらいのサイクルで、風俗を弾圧する。次は2020年の東京五輪あたりだと思う。テレビ画面から、いつの間にか女の乳房すら消えているのもその兆候のひとつ。マスコミの自主規制といい、きれいごとしか許さない雰囲気といい、とてつもない不安を感じてしまう。

風俗は無店舗派遣型のデリバリーヘルス（以下、デリヘル）が主流となった結果、そこで働く風俗嬢も地下に潜ってしまったようで、どこで何がどうなっているのか、分かりにくい。とりわけ往時を知る中高年世代は、そういう思いをしているのではないでしょうか。迷宮のごとく細分化して、迂闊《うかつ》に足を踏み入れたら魑魅魍魎《ちみもうりよう》が出てこないとも限らない。

ルノアールを出て、あずま通りを風林会館の方面へと歩く。かつて「カントク通り」「トゥナイト通り」とも呼ばれた界隈にも、知った店はほとんど残っていません。

区役所通りに出て、職安通りのある左方向に進む。午後4時を回ったばかりの歌舞伎町はまだ日が高く、平日ということもあって、閑散としています。ビールケースを積んだ酒屋の軽トラが走り、水商売らしき関係者が携帯を耳に当て、千鳥足の若い女とそれをはやし立てるホスト集団がいる。バッティングセンターから、カーンカーンと打球の音が響いてくる。

スナックにクラブ、今はホストクラブがひしめく薄暗い雑居ビルに入り、エレベーターで6階に上がると、居並ぶ店は全て営業前。うち1店、「会員制」「準備中」を掲げる廊下奥のドアのインターホンを押すと、静寂の後、「はい」とのくぐもった声。

「先ほどご連絡いただいた者です」と同行の記者が答える。

刹那の後、ガチャリとカギが開いて、50がらみの中年男が顔を覗かせました。

「あ、本当にカントクだ」と言って、相好を崩す。人懐っこそうなたれ目をしています。

店主のN氏、50代。元百貨店勤務のサラリーマンで、風俗遊びの果てに十余年前から店の経営を引き継いでいるのです。風俗や歌舞伎町に通じ、取材を申し入れたところ、「今日いらっしゃると、おもしろいかもしれません」と、秘密の門戸を開いてくれました。

入口で靴を脱いで、元スナックらしき店内に入ると、カウンター前に並ぶ椅子で20代と思《おぼ》しき女が3人の男の面前で股を開き、いかつい指で局部を刺激されています。私の姿を見ると、半裸の中年男女から歓声があがる。彼らは「乱交」のために午後1時に集まり、先ほど一戦を交えたところだと店主は説明しました。

いわゆる性的サービスを行う性風俗店は、風営法により所轄の公安委員会へ営業の届け出が義務付けられています。毎年公表される警察白書は、性風俗関連特殊営業として、性風俗店を次の3つに分けている。

・店舗型第一号営業（ソープランド等）
・店舗型第二号営業（ファッションヘルス、性感マッサージ、イメクラ、ピンサロ等）
・無店舗型第一号営業（デリヘル）

無届けや、性的サービスの禁止されている接待飲食等営業で偽装営業している風俗店も少なくないが、まず正規の届け出店だけに限ると、デリヘルが圧倒的なのです。なにしろ、セブン－イレブンの約1万8572店舗（2015年度）をも凌駕《りょうが》しているのだから、凄《すご》い。1999年の改正風営法施行で無店舗型風俗店が合法化されたこと、店舗型への規制が強まったことが原因とされ、雨後の筍《たけのこ》のように現れては潰れていくの繰り返しが続いている。こうしたこともあって、一般にはどうにも分かりにくい。

店舗型も、法的に黒とはいかないまでも、それに近いグレーゾーンが増えている。キャバクラやスナックなどが対象の風俗営業第一号で届け出ていながら、客を「会員制」限定とするなどして、いかがわしい行為を行っているケースもあるというし、新宿区内の「ハプニングバー」経営者が公然わいせつ幇助《ほうじょ》の疑いで逮捕されたりして、ごく普通のサラリーマンには垣根が高くなるばかり。

N氏の店はそんな店舗型で、歌舞伎町に約15店あるハプバーのひとつなのです。

軽く会釈して、店内に足を踏み入れ、カウンターに向かってコの字形に並ぶソファに腰を下ろす。と、第三者が入ってきて気分が昂《たか》ぶったのか、女の喘《あえ》ぎ声のトーンが上がりました。そして上がりきったところで体を強張《こわば》らせ、その中心から透明の液が飛び散った。それをグラスに受けた男がぐびりと飲んで、

「うーん、しょっぱくてうまい」ですって。

アダルトＤＶＤの製作現場とどこか似ていますけど、こちらは仕事ではなく、趣味でやっている。一様に笑顔で、なんとも和気あいあいとしているのです。

ソファ脇のカーテンが引かれ、奥の間からバスタオルを巻いた中年女がふたり出てきて私の両隣に腰を下ろしました。ソファ前にもマットが敷かれ、ちょっと前までくんずほぐれつだったのか、火照った体を手で扇いでいる。

「ふたりは、モデルか何かなの？」と水向けると、

「主婦です」とむっちりとした、白い胸元を覗かせながら、屈託のない顔で微笑みます。

「旦那には内緒なんですけど、ハプバーには結構来ていて、この前はＳＭのイベントにも出ちゃったんですよ。縄で縛られて天井に吊るされたんですけど、本当にうまい先生で、きつく抱かれているような気がしました。痣《あざ》は残っちゃいましたけど。旦那にはヨガでついたって言っています」

「『トゥナイト』のときにもね、スワッピングでまぐわう2組の夫婦の布団の間に座って、枕元で交互にマイクを向けたものですよ」

私が言うと、彼女たちは目を輝かせ、そこへ生ビール片手に男の参加者も輪に加わって、話に花が咲きます。と、絶叫のような喘ぎ声がカーテン越しに響き渡りました。今度は、

奥の間からで、まだプレイが続いていたのです。そっとカーテンをめくると、若い女体がマットに横たわり、男ふたりから局部に電動歯ブラシを当てられ、悶《もだ》えに悶えている。

「凄いですね」と私が言うと、

参加者のひとりが、「そうでしょう、そうでしょう」と嬉しそうにはしゃぐ。

そんな集団を見ていて、ふとボノボが思い浮かびました。ボノボとはアフリカの熱帯雨林に生息するヒト科チンパンジー属のサルのことでして、ボスが牝《めす》を独占し、争いや子殺しも辞さないチンパンジーと違い、セックスを愛し、人間のように正常位でも行い、フリーセックスを実行しているのです。セックスはコミュニケーションのひとつとみられていて、交わることによって、平和を保っている。そこに人類の目指すべき形といいますか、一夫一婦制もいいけれど、子どもができてからのセックスレスなどによる欲求不満、昨今の不倫トラブルやらを考えると、もう少し広い考え方があってもいいんじゃないか。ボノボから学べるものがあるような気がしていたのです。

複数の男に囲まれた女が、幸せそうな、恍惚《こうこつ》の表情を浮かべている。

そこはVIPルームを改装したスペースなのか、天井から縄が垂れ下がり、コスプレ衣装を並べて吊ってある。マットのしみが営みの深さを物語っています。

ソファに戻ってきて、しみじみと言いました。

「男が女遊びをしなくなり、今や日本は総オナニー大国だって思ってたけど、やるところではやってるんですねえ」

N氏の店は「大人の隠れ家　コミュニケーションスペース」と銘打ち、この昼下がりは貸し切りで場所を提供しているのだとか。参加者はツイッターなどで集まった同じ嗜好《しこう》の者たちで、男たちはその言動から社会的地位や身分のあることをうかがわせます。その昔、団鬼六さんがＶＩＰを集めたサロンを開いていたのを思い出しました。

「元祖はそのあたりだと思いますよ。そういうのが一般におりてきて、カップル喫茶になって、ハプバーが出てきた。うちは普段は宅飲みみたいって声もあるんです」とN氏は言います。

「シャワー室もあるんで、ラブホ代わりに利用してくれるカップルさんとか、帰りそびれた女の子が泊まりに来たり。男性のお客さんには一応、身分を確認させてもらっているので、女の子にしてみれば、外を出歩いているよりは安心なのかもしれない。まあ隠れ家といっても、最近はネットやツイッターで垣根は低くなりました。その気になれば、大抵のことは分かるじゃないですか。他県から情報を得て、ここに遊びに来たという方も珍しくないですよ」

テレビの多チャンネル化のように、風俗も多様化・細分化し、マニアックな性癖を満たすこともそう難しくない。同好者を募ってイベントを開いたり、そういう風俗店を探せばいいのでしょう。どんなに小さな需要でも、あれば成り立つ商売ですから。

「今夜は吉原のソープ嬢がオフで来ます」とN氏。

プロの風俗嬢と素人との境界線もあいまいになっている。

そのN氏も「クンニクマン」を名乗り、AVに出演したりイベントを開催したりしている。女性器への愛撫《あいぶ》・クンニリングスにこだわり、3000人超もしてきたという酔狂の人です。相手はというと、風俗嬢らプロだけでなく、「舐《な》めてほしい」とごく普通の主婦やOLからもリクエストがあるのだとか。「クンニフレンド」も何人かいるというのです。

酔狂の求道者たち

「頭の中にあそこの全体像をこう、地図を広げるように描くんです」

ある土曜日の午後3時、分厚いカーテンの隙間から薄日の差し込む部屋で中年男がごく自然に、かつ真面目に語りかけると、参加者たちが神妙な顔つきで頷《うなず》きました。N氏は歌舞伎町周辺で2006年より「クンニ道場」（120分1万5000円）を定期的に開催しています。彼の営むハプニングバーで行われた、その道場を覗いてみました。

「一番大切なのは、どこを舐めるか。女性によって気持ちの良い場所が違うので、全体をくまなく、舌を2周くらい這《は》わせて、どこがそのスポットか探り当てるんです。3000人舐めた経験では、クリトリスが7割、2割が膣《ちつ》の入口で、外陰唇と続くのですが、同じクリでも上部だったり下部だったりするし、20カ所くらい反応する女性がいるかと思ったら、全く反応がない女性がいたりして、一人ひとり全く違う。経験や勝ちパターンの通じにくい世界なんです」とN氏の講義が続きます。

部屋の中央にはマットが敷かれ、キャミソール姿の25歳が毛布にくるまっています。今回のモデルにして参加者の技巧を採点する講師、デリヘル嬢だそうです。

クンニクマンが身振りを交えて続けます。

「ポイントを見つけたら決して口を離さず、舌を上下に動かす縦舐めなら縦舐めを同じリズムと強度で徹底して繰り返すんです。0・1ミリずれただけでも駄目なので、集中力と根気が不可欠ですよ」

参加者の手元には、「クンニ道場七訓」と書かれた用紙が配られています。曰く——、

・舐め方ではなく場所が重要
・同じ場所を同じ舐め方で舐める
・一定のリズムで一定のベクトルで舐める
・舌は柔らかくソフトに舐める
・舌の感覚を鋭く全てを感じ取る
・相手の反応に合わせて舐める
・口を離さないで舐め続ける

「最初からどこが気持ち良いのか、相手に訊《き》くっていうのはどうだろう」

手を挙げて訊いてみました。

「それがどこか、自分でもよく分からない女性が少なくないんです。たとえば僕が舐めた中でも、どこが気持ち良いのかきちんと答えられたのはたったの3人。分かっているというときも、全く違うところだったというケースもままあります」

「ほう。で、クンニの到達点はどのあたりなの？」

「基本的には、イカせることですけど、そこだけにこだわりません。相手に気持ち良くなってもらうのが目的といいますか……」

「イクというのも女性の自己申告だからね」

最近は男の約半数は女性器を愛撫せず、しない男に限ってフェラチオを要求するそうで、大半の女性は不満を感じているのだとか。ですから、欲求不満の妻たちが自ら性欲を満たそうと動き出したということでしょうか。

「ま、夫婦だって欲望丸出しというわけじゃないからね。快楽を求める権利はある。男女のすれ違いは世の常ですからね」

私が言うと、彼は頷いて、言いました。

「では、実技にまいりましょう」

参加者の見守るなか、水色のパンティを脱いだモデル嬢の股間に50代後半と思しき受講者が顔をうずめました。

「おいしそうな体だね。お好き？」と訊くと、彼女は舐められながら、白い歯を覗かせます。

一心不乱に舐める男の後頭部が揺れ、彼女の下腹部が波打つ。くぐもった喘ぎ声が漏れる。でも、イクところまではいかない。むくりと彼女は上体を起こしました。

「強すぎず、ゆっくりなのはいい。でも、『今だよっ』ってときに無駄がある。ピンポイントできてほしいのに寄り道したりするから、気持ちの良いメーターが下がっちゃうの」

「では、私が」とクンニクマンは言い、赤い舌をちょろり。

彼女はデリヘル嬢ですから、いわばプロ。舐められるのは日常茶飯事でしょうが、両脚の付け根にN氏が口をつけ、動かしはじめると、先ほどとはまるで違う喘ぎ声をあげました。お腹全体が波打っているし、足先をピンと伸ばしたりするのは、感じている証拠。足先は演技できないので、本気かどうか見極めるのに参考になるのです。

参加者の男性は後頭部が上下し、顔を押し付け一心不乱に舌を動かしているのが分かりましたが、クンニ師範はタコのように吸い付いたまま、動かない。動くのは女体のほうで、手を伸ばしたり、顎《あご》を持ち上げたりしている。そうした動きにもピタリと合わせ吸い付いていきます。と、すぐに桃色の声が聞こえてきて、たったの数分で、昂ぶってきました。

そこで師範は顔をあげ、口元をヌラヌラさせながら一言。

「どうです皆さん、分かって頂けましたか？」

「凄いですねえ。でも、最後までイカせてあげてくださいよ」

私の言葉に促され、フィニッシュを託されたのが、先ほどの50代。

「ゆっくり、慌てずポイントを刺激し、他に寄り道しない」とのアドバイスを受け、再び秘密の花園に突進です。「頑張れ」「もうすぐ」などと声のかかるなか、モデル嬢は痙攣《けいれん》を強め、その頂点で動きを止めました。

「今度は良かったよ」

褒められた参加者が嬉しそうに口元を拭います。ピンク映画やAVの撮影のようでもありますけど、女を悦《よろこ》ばせるテクニックをそれなりに真剣に学んでいる。なるほど道場と呼べなくもない。

事後、モデル嬢の身の上話を聞いたところでは、風俗での仕事の他、セックスフレンドが5〜6人いて、香水を選ぶように相手を替えてしまうのだとか。

「疲れ切ってそのまま眠るのが好き。ピロートークなんかいらないって言うの」

人間にとって一番幸せなのはいいセックスをしていること。幸せは顔に出るのです。彼女は本当に、いい目をしています。『トゥナイト』で風俗リポートをしていた80年代、「舐め犬レンタル」なる風俗があったことを思い出しました。東京は中野新橋でつれあいと暮らす私の家には猫がいて、

「舌の長さでいったら犬より猫が細く長いんですよ」という話を披露したら、ペット談義がはじまりました。エロスの現場は人と人との距離を近くさせる。裸の状態での、人間の根本的なところでの交わりがそうさせるのでしょう。

今や日本男児の23歳の童貞率が50％という数字もあり、草食系どころか絶食系といわれていることについても、一家言。当時だって、大多数の若者がセックスに不自由していました。今は別れるときにもめるのが面倒で女と付き合わないという話を聞くと、男女交際すること自体が大変だった我が青春時代との隔世の感を禁じ得ません。

「俺なんかよく安い封筒でオナニーしたもんだよ。柔らかいし、終わったらポイできるから手も汚れないんだ。当時は2～3日風呂に入らないなんて普通だった。独身の若い男なんて、ほとんどが恥垢《ちこう》をためていたと思う」

「信じらんない！　石鹸《せっけん》の匂いがするくらい清潔じゃないとアタシは絶対に嫌なの！」とモデル嬢は言いました。

このあたりが時代の趨勢《すうせい》なのでしょう。

かたや、女はどうか。性に奔放なタイプは昔からいて、家出娘やヒッピーがカメラの前で裸になり、エロ本やピンク映画で濡れ場を演じてきた。好奇心もあったでしょうけど、ほとんどが家出した田舎娘たちで、因縁とかしがらみとか、何かを背負っていた。今の女たちも何かを背負っているのでしょうか。そんなことを考えていると、まだ清潔へのこだわりを語っているので、彼女に言いました。

「でもな、何でもかんでも石鹸でゴシゴシ落とせばいいってもんじゃない。猫がいつも自分の体を舐めているのは殺菌のためでもあるし、ある程度脂が残っていたほうが、雑菌から体を守るためにもいいんだよ」

「そうなんですかあ」と不思議そうな反応が返ってきます。

そうなのだ。曽野綾子さんはマダガスカルへ医療支援に向かうとき、1週間前から、水のシャワーを浴びて、石鹸を使わないそうです。破傷風に狂犬病の予防ワクチンも必要なのだけれども、そうやって体の持つ免疫力を高める。清潔にすればいいというものじゃない。

私がそのマダガスカルに行った際には、スーパーのレジ係の女の子から、日本ではひさしく嗅ぐことのなかった、むわっとした匂いが漂ってきました。牝の匂いです。

その髪は、朝シャンで洗い上げ、トリートメントした、サラサラと光るのとは違う。頭皮の脂がちゃんと残っている匂いです。昭和の時代まで、満員電車で吊革につかまる女の腋《わき》からも、そんな匂いがありました。そうした牝の、野性の匂いが牡《おす》の本能を刺激する。そういえば、愛人バンクで、あるオーナー社長が月20万円で囲っていたのは、腋臭《わきが》の強い女でした。週に1回くらいのセックスで、お手当の他、家賃も負担していたのですから、よほど腋臭に魅力を感じていたのでしょう。

匂いで個を識別し、性病の有無も分かる。そうやって哺乳類は、人類は、やってきた。たとえば10人の女たちに並んでもらい、匂いだけでカミサンを当てるゲームをしてみたらどうでしょうか。分かれば哺乳類として優秀、真っ当ですけれども、そうでなければ、本能が衰退している恐れがある。

湿っぽい連れ込み宿だかにしけ込んで、互いを貪り合うときの、赤い口紅の味を今も思い出します。なんともいえないあの味をもう一度、味わいたい。初めて接吻《せっぷん》した高校時代、相手は居酒屋の娘で、あのときは沢庵《たくあん》の匂いがした。レモンの味じゃなかったのかと、内心憤慨し、しばらくディープキス恐怖症になりました。

セックスは表皮の交わりからくる快感だけじゃない。嗅覚、触覚で味わうものなのです。N氏はとんと嗅げなくなった女の匂い、牝の匂いを求めて、女たちの股座《またぐら》にむしゃぶりついているのかもしれません。

綺麗で、清潔で、無臭の女なんて、目黒のサンマの話じゃないけど、うまくもなんともない。そんな女ばかりというこの国のいびつさを感じます。原初的な匂いの消失が人間の本能を低下させ、衰退させ、退化させている。そういう世相が草食系といわれる若者をつくり、少子化を助長しているというのは、言いすぎでしょうか。

デリヘルの勝者

N氏の性技講座を取材した際、デリヘルについても訊きました。どんな店があり、受けているのか。店名が挙がったのは、「ロボットデリヘル」。2014年のオープン以来、多くのメディアに取り上げられて人気の、歌舞伎町発のデリヘルの勝者なのだとか。同じ歌舞伎町では、「ロボットレストラン」が外国人観光客の人気スポットですが、そちらはシヨーパブに近いと聞いて、「ロボットデリヘル」へ。1980年代はフードルといって、「USA」のイヴちゃんらがタレントのように騒がれ、ファンクラブができたりしたものですけど、21世紀の歌舞伎町で一番人気のフードルがロボットだなんて、面白い。

そういえば、映画『ラースと、その彼女』（2007年）はネットで注文した等身大のリアルドールに恋する青年の話でしたし、『マネキン』（1987年）は古代エジプトの霊魂を宿したマネキンに恋するフリーターの若者を描いていました。是枝裕和《これえだひろかず》監督も同様のテーマで『空気人形』というラブストーリーを撮っています。初音ミクはCGのバーチャルアイドルです。ロボデリ嬢はどんな存在なのか。取材を申し入れ、約束の場所でそんなことを思い出しながら待っていると、バサバサの長髪にTシャツ、すね毛の出た七分丈のパンツという格好で、小太りの男がやってきました。小柄で利発そうな目をした女を連れている。

店長のA氏と同店ナンバーワンの「R0101」こと、1992年製のセリナ嬢です。A氏は理科系の元プログラマー。まだ20代という若さ。

「何年か前にちょっとしたお金が入って、風俗遊びに明け暮れていたんです。やがてお金は底をついて、何かやらなければというとき、風俗くらいしか思いつかなくて。どうせなら自分が行きたい理想の店をやろうって。そこで思いついたのがロボット。ロボットなら、自分の思い通りに動かすことができて、エロい願望や言いにくい性癖を遠慮なくぶつけられる。しゃべるのも面倒くさいという、ずぼらな発想からスタートさせた店なんです」

ロボットといっても、生身の女の子で、ロボットのコンパニオンに扮して、派遣される。つまりロボット役を演じるわけです。全くしゃべらず動かずという完全ロボットから、淫乱で積極的な痴女型まで、事前に希望のロボットのタイプやプレイ内容を伝えておくと、その通りに動いてくれるというシステムです。

客として多くの風俗嬢と接するなか、A氏は気づいたんですね。風俗嬢と気持ちのつながりを求めても、時間は限られているし、顔見知りになるには何度も通わなければならない。そうやって常連になったところで、そうそう仲良くなれるものでもない。だったら、最初からそうしたコミュニケーションもご機嫌取りも省いてしまえ、と。そうした逆転の発想が当たった。ロボットの、体臭も感情もないイメージが、時代に合ったのかもしれない。

「若い子と何を話していいか分からない」「本当はしてほしいことがあるのに言えなかった」といったコミュニケーションが苦手な向き、普通の遊びに飽きたという風俗ファンに受け、評判を聞きつけた外国人客も来るようになっていったのです。

A氏は風俗業界の全くの素人だったと聞いて、ちょっと驚きました。

「怖い思いをしたことはなかった？」

「ええ。僕も何かそういう勢力が接触してくるんじゃないかって思っていたんですけど、今のところないですね。あんまり関係ないですよ。吉原のソープとかもそうですけど、古いところが淘汰《とうた》されて、ネットとかにちゃんと力を入れている新店にいい女と客が流れていく時代ですから。SMとかフェチの業界も同じようになっていっている途中だと思います。うちの場合、ホテル代を入れると1時間で3万円くらいかかるんです。他のデリヘルより高いので、結果的に良いお客さんを選んでいるのかもしれません」

「君はどう?」とセリナ嬢に訊いてみました。「密室で客の男に全部を委ねるということですよね」

「毎日面白いです」と即答し、セリナは微笑みます。

「ロボットだから基本的に無表情で、しゃべらないんですけど、言葉を使わない分、100%まじりっけのない濃密なコミュニケーションになるというか……。プレイ中に目が合って、共に笑ってしまうこともあります。嫌なときもなくはありませんけど、そうですね、命じる側と命じられる側が入れ替わるよう仕向けたりします。あまりうまくいきませんけど」

客とのプレイ経験を訊きました。

「女子高生ロボットに電車内で痴漢するという設定のお客様がいて、私が吊革につかまる格好をしていたら、『ゴトンゴトン〜』と電車の音を口にして『間もなく赤羽〜』って、車内アナウンスをしはじめて……あっ、ここは埼京線なんだって気づきました。そうやって自分の世界をつくり上げる人がいたり、トイレで時限爆弾を胸に抱えたハニーという設定で、もうどうしたらいいか分からない大ピンチというところを私に演じさせて、それを見ながらオナニーした人もいました。メイドのコスプレをして、ずっと踊っているよう言われたこともあります。本番はNGなんですけど、外人のお客さんから『AF』は追加料金を払えばいいんだろうって、分かってるなあと思ったり。皆さん事前にオプションとか、よくチェックされているようですね。人気のオプションは『即尺』『イラマ』『浣腸《かんちょう》』です」

人生は妄想である。それが私の持論なのですが、まさに妄想の風俗、妄想の勝利なのでしょう。聞けば彼女、高偏差値の私大文学部卒で、小説家を志望していた才女。ブルセラや援交が当然のように行われる時代に成長してきたとあってか、風俗に抵抗感はまるでなく、

「イチローさんのように全打席ヒットを目指し、あらゆるお客さんに満足してもらいたい」と言います。

その一方、プライベートではあまりセックスしていない。

「さくっとできないんですよね。たまには、さくっと遊びたいんですけど」と少し声のトーンが落ちます。

いつの世も、斬新かつ男の欲望を最もかきたてるアイディアが求められるのが風俗。理系の店長と、店の経営にも携わり、コミュニケーション能力に長《た》けたセリナのコンビは、デリヘルの勝者と言えるでしょう。

経営する側から見ると、無店舗型であるデリヘルは自宅を所在地として届け出ることもでき、少ない設備投資で起業できる。一方で廃業の届け出は徹底されておらず、実際に営業が成り立っているのは届け出の半分程度ではないかという見方もある。

店長は語ります。

「今の風俗業界は本当に不景気なので、なかなか厳しいと思います。毎月歌舞伎町だけで新店が10とか20とかできて全部潰れるっていう状況ですから。昨年立ち上げて、ちゃんと形だけでも成り立ってるのは、大手の新店を除いたらうちの店くらいなものですから」

それが現実なのでしょう。

ネオン街には一攫《いっかく》千金の夢破れて消えていった死屍《しし》累々なのです。「ロボットデリヘル」は推定年商約1億円。コンパニオンは週5日間、フルに店に出たとして、推定月収100

万円といったところ。それがデリヘル勝者の収入です。

SM女王の数奇な人生

デリヘルを筆頭とした無店舗派遣型が主流となったことで、深刻なダメージを受けているのがSMクラブです。SM歴20年の大御所青山夏樹氏は、ルポライター中村淳彦《あつひこ》氏の著書『日本の風俗嬢』の中で「一つの文化が終わりつつある」とし、こんなコメントをしています。

「大きく変わったのは2006年の風営法改正ですね。それまでSMクラブは自前でプレイルームを持つ店舗型が主流だったけど、風営法改正で受付所やプレイルームの届出が義務になって、その届出に物件所有者の承諾書が必要になったんですね。SMは例えばデザイナーや作家と同じように〝技術職〟という側面があったので、女王様個人がプレイルームを持って自分のお客さんを呼ぶ小規模のSMクラブがたくさんあったんです。それが大家さんの承諾書が要るとなって大部分が継続できなくなった。SM関係者というか、SMで生きてきた人たちは2000年代前半と比べると半分どころか、7割減くらいにまでなっている」

日常と切り離された密室という特殊な雰囲気や、器具が必要とされるマニアックなプレイをする性質上、店舗や「自前のプレイルーム」というのがSMクラブでは重要な役割を果たしてきた。そこで新人にプレイを見学させたり研修とか教育が行われていたのですが、そうした「技術の継承」も困難になってしまったというのです。結果的にクオリティが落ちて客も減少、無店舗型で経営している店の多くは「他の本業がある女の子の趣味半分のアルバイトみたいになっちゃった」「仕事ではなく趣味とか生活の余興になって、ほとんど中身は空っぽ。もう厳しいですね」と青山氏は冴えない表情で続けたといいます。

SMクラブは射精を主眼とする性風俗とは異なり、SM嗜好のある男性が心の奥に隠し持っている妄想や業、精神を解放させるプレイを提供する場所である、とされます。ごく一部の者たちが秘密裏に楽しむ上級者向けのため、そのプレイとはどのようなものか、一般には知られていません。基本的なプレイは客がサディストになるSプレイ、客がマゾヒストになるMプレイ、両方を楽しむS&Mコースからなり、女性と男性の相性や信頼関係で内容の深さは変わってくるのですけど、それはいかなる「文化」だったのか。『トゥナイト2』でインタビューしたことのあるベテラン女王、瀬里奈さんが歌舞伎町でママとなり、姉と経営しているSMバー「ピンククリスタル」を訪ねました。

「お久しぶり！　私のこと、覚えてる？」

区役所通りはコリンズ37ビルの4階。重厚な扉を開くと、瀬里奈さんの明るい声が響きます。覚えてるもなにもない。

お客をとるSMのプレイからは退いたというものの、全身黒のスーツをまとい、ちょっとふっくらとしたスタイルと優しい微笑みには、変わらぬ妖艶さ、安心感がある。SMバーといえば閣僚の資金管理団体が政治活動費として飲み代を計上していたことがニュースにもなりました。ピンクのライトに染め上げられた店の白いソファに腰を下ろして、

「ここはプレイもするの？」と訊いてみました。

「鞭《むち》を手にした女性スタッフともどもね」とママは言い、「冗談よ」とよく通る声で笑う。

「お酒とおしゃべりを楽しんでもらうのが『ピンクリ』。Mの方、Sの方はもちろん、カップルや女装して来られるお客様もいますよ。私が着ているようなボンデージの貸し出しもしていて、試しに着替えてみたら興味を持ったという方がいたりして、SMの世界へ通じる入口になっているかもしれないけど」

何本もの鞭が壁にかけられ、天井からは銀色の鎖の輪が下がっている。そこに吊るされながらカラオケを歌うと出世するという話が店にはあるそうで、ごく限られた好事家たち

がこっそりと秘密のサロンで楽しんでいたSMの世界も、変われば変わるものです。

「そうそう。バブルでお金を持っちゃったような人たちが、ちょっと違った遊びをしてみたいって入ってきたあたりからかしら。それまで、そう私が五反田のSMクラブにいた頃までは、ほぼ真っ暗な一室で女王様たちが足を組んで座り、地べたにMの人たちが土下座して並んでいた。SMバーと呼んでいたか分からないけど、完全会員制だったろうし、全くカジュアルじゃなかった。SM雑誌はあったけど、女が緊縛されている写真ばかり。Mの男性なんて、その存在すら知られていませんでしたね」

「野球で言えば、Sは打者、Mは守備なんじゃないかな。落合さんが中日を率いて4度のリーグ優勝を果たしたとき、力を入れたのが守備。0点に抑えれば勝てるという計算があったからで、事実、攻撃型のどのチームより強かった。Mも守備も、受けといえばそうだけど、実はもっと強く深くて、広い気がするね」

ママが頷きます。

「Mの男性は、上手な方になるとごく自然にパートナーの女性をリードして、S性を引き出していったりするんです。女王様に仕立て上げていく。自分の心の引き出しを相手に見つけてもらい、開けてもらえればそれに越したことはないけど、現実はそううまくはいかない。だからこのお店にパートナーを連れてきて、コスチュームに着替えさせてから、さりげなく『どうだい？』って自分を踏ませたりして」

「それで、そのカップルはどうなったの？」

「後日、その方に訊いてみたら『ああ、あれは駄目だ』って。見切ったら最後、もう興味もないって顔でしたね」

「どっちがSで、どっちがMだか、分かったもんじゃない」

「本当に」

ママはまた笑い声をあげました。

「SMの快感には肉体と精神とふたつあって、身も心も本当に昂《たか》まり合うと、どちらとも頭の中が真っ白になるんです。セックスと違い、粘膜の擦《こす》り合いや射精を最終地点にしてはいない」

「そもそもの発端が欧米の貴族たちのサロンにいきつくっていうからね。子づくりを目的としていない性、快楽を貪るためだけの遊びというか。でも失神するほどの快感ってどういうものだろう。プレイでは相手の素顔というかプライベートを知らないからこそできるというところがあるんじゃないかな。その気があっても、いわゆる変態は家庭には持ち込めない。夫婦なら何でも分かち合えるというのは嘘《うそ》で、実際は秘密ばかりだから」

「そうなんです。SMでどんなに長くパートナーでいても、お互いのプライベートは何も知らなかったりする。知らないほうが、むしろ知らないからこそ、プレイにのめり込めるのだと思います。そのあたりが背徳の妙味かも」

話は熱を帯びていきます。

「74歳で女装をしているある男性がカミングアウトしたのは60歳のときでした。脂肪吸引して、胸をつくり、ピアス穴をあけて、南京錠《ナンキン》をつけたりしています。そういう願望を長く押し隠していた日々はとても辛《つら》かったでしょうね」

「そんなことするのは、間違いなく人間だけでしょう。昔からブルジョアというのは裏で物凄い性の楽しみ方をしてきましたけど、変態というのもそのひとつかも知れない。とりわけ、この日本では文化ですよ」

「私もそう思います。たとえば、ちょっと綺麗な女性が向こうから歩いてきたとする。普通の男性なら美人だなと見惚《みと》れて終わるというような場面でしょうけど、これが変態脳の、Mだとすると、その女性に踏みつけられて罵声を浴びせられて、足元に跪《ひざまず》いて責めを受けているところまで妄想してしまう。すれ違うまでの刹那に。妄想がエロスの原動力というか……。最近はそれも退化し牡の本能が落ちた気もする。ネットでどんな情報にも簡単にアクセスできるようになりましたからね」

ママは職業女王を引退してはいるものの、何人か親しい相手との交流は今もあり、定期的にプレイを続けているそうです。20年来のパートナーからは「俺に死亡保険をかけ、その受取人になってくれ」と持ちかけられているのだと教えてくれました。プレイの対価じゃないけれど、最後に命まで差し出そうというのです。そこまで心を通わせられる密室1対1の関係、最後に真っ白になるプレイとはどんなものなのか。

「人によって違うし、言葉で説明するのは難しいですね。ただ、日本人の場合、ほとんどがSで、Mは何かを創造する仕事をしている人が多いということは言えます。妄想する変態脳と言いましたけど、タイプで言うなら、自分にストイックで、本性とか、トラウマと向き合って、それを打ち破ろうとしているような……。ギャップ萌えといって、仕事とは全く違う自分になってそれを楽しんで発散するというか。密室での背徳に酔いしれることができる。先ほどの野球にたとえれば、言葉のキャッチボールがうまい人が多いですね。ある障害のある男性からは、徹底的にハードな責めを求められました。痛みがあまりに強いと何も感じなくなるのが人間で、その男性もその境地にまでいったと思われるくらいに。

後で訊いたところ、病院の看護師さんにずっと苛《いじ》められていたそうです。苛めを快楽に転換することによって、自分を防衛し生き延びてきたと。脳みその切り替え、表の顔とは違う自分になることで浄化していたんですね。そうした、考え方の切り替えによって、逆境も怖くないというのは私もいつも思っている」

死ぬことで生きる。蘇る。復活。ただそこに咲いているだけで美しい花を敢《あ》えて絶つことによって、より美しく生かす活け花の精神ともどこかだぶります。

妙齢のパートナーの女性をこれでもかと責めるSの男性の本音が、生理があがり、女でなくなる日を一日でも先延ばしにするためであったり、行為中、首を絞めるとあそこの締まりが良くなると、男女とも快楽を貪ろうとした挙句、死んでしまったり。ハイヒールを盗んで集める男が求めているのは、ハイヒールそのものではなく、そこに付着する女の匂いだったり。

ママの目で社会や事件を見ると、苦楽や善悪が表裏一体で、考え方ひとつでも見方が変わることに気づかされます。

「私に言わせると、男は全て5歳児。おっぱい好きかお尻好きかだけでもタイプ分けできるし、その性癖からトラウマや求めているものが分かってしまうの」

尻好きはM、胸好きはマザコン、脚フェチはナルシストが多いといいます。庶民派で知られるベテランの演技派俳優が超のつくSで、プレイで呼んだSMクラブのM女性の骨を折ってしまったという話はSM界では有名なのだとか。一般では知りえない社会のバックサイドを語る黒く大きな瞳に、吸い込まれそうになります。さながら現代の巫女《みこ》。

ここで私の脳裏に蘇ったのが、火葬場の光景です。拝み倒して、火葬する炉を見学させてもらったことがあるのです。炎に包まれた遺体は膨張して、膨らんでいくんですけど、男が立ち上がろうともがいているようにも見えた。そしていざ燃え尽きるというとき、遺体の男根が盛り上がってきて、最後の力の一滴を注ぐように勃起していった。そのとき思ったのは、喉仏より陰茎の軟骨にこそ、男の生きた証がある。業の深さですね。火葬場で、最期に縛られた状態で焼かれていく男の話をいつか映画にしたいと思ったのを思い出しました。

「翻って俺はというと、もう70代も後半というのに、SかMかも分からない。自分にとって、おちんちんとは何だったのか、割れ目ちゃんとは何だったのか。死ぬまで考えても、分かるかどうか……」

インタビューの後、同行の記者とママの行きつけの焼き鳥屋で地鶏をつまみに焼酎を口ックで飲み、やはりママ行きつけのカラオケへとはしご酒をしました。生ギターで演奏してくれる「スタジオ向日葵《ひまわり》」という店で、ママは中森明菜の「少女A」を歌った。

「飲んでいいことになっている」という常連さんのボトルを飲み干し、ママは知り合いのバーのマスターを呼んだ。「オナベ」と呼ばれる男装の女性でした。

アルコールの酔いの中で、さらに訊いたところでは、ママの20年来のパートナーの男は「人間馬」で、高齢のため降りる駅を忘れ山手線をぐるぐる回ってしまって心配していること、ママが若いときは落語家やタレントにも呼ばれ、「アサ芸」やスポーツ紙にも登場していたこと、『風花』(2001年)という映画で小泉今日子が風俗嬢を演じることになったとき、中野の焼き肉屋の2階に呼ばれ、レクチャーしたことなどをママは問わず語りに話してくれました。

「まだ20代で生意気だったから、ずっと黙ってお酒も飲まない相米《そうまい》(慎二)監督に向かって『飲めよ!』って凄んだりしちゃった。キョンキョンは永瀬正敏との離婚危機がワイドショーで毎日騒がれているときだったから、『離婚するの?』って訊いたら、『まだしない。彼の耳が好きだから』って。映画は何か賞を獲ったらしく、後日会った監督から『とても参考になった、ありがとう』ってお礼を言われた。どこが参考になったのか全く分からなかった」

マスコミに出たときの記事をもう一度読んでみたいというママに、記者が「国会図書館なら、あるかもしれない」と言うと、「今度一緒に行きましょう」と目を輝かせていた。

バブル前夜の好景気のさなか、瀬里奈ママは東京近郊で生まれ育ちました。父親は1958年（昭和33年）に『もぐらのアバンチュール』という日本で最初のテレビアニメーションをつくったクリエイターで、とてもとても自由な家だった。父親の書棚にあった谷崎潤一郎の『痴人の愛』を読んだりして、そうした流れでSMに興味を持っていったのかというと、そういうわけではない。

「保育園て、お昼寝の時間があるじゃない。そこで隣にいた男の子の体をおもちゃみたいに触った記憶がある。あれがおちんちんを触った最初。小学校では、苛められて10円はげになった子と席が隣になって、普通に叩いたりしていた。そういう男の子がなぜかいつも近くに寄ってきて、中学ではチャイムが鳴るごとに殴ってた。『やめろよ』って言いながら、受け入れているのが分かった。2歳上の姉がいて、今もお店を一緒にやってるんだけど、同じ血が流れていて、もっと凄かった」「セックスなら、13歳で初体験を済ませた。

年上の相手と。仲の良い女友達がふたりいて、話したら『あたしもやりたい』って言うんで、連れていって、やらせた」

SMの世界の扉は、池袋の飲み屋の地下にあったSMクラブで働きはじめた姉によって開かれた。18歳。高校を中退して、すぐ女王様に。

「まだ若い女の子が珍しいという時代だったし、今みたいに太ってもいなかったから結構注目されて、お客さんに困るということはなかった。三日にあげずに通ってきたり、チップを10万円もらったりしていた。今のSMクラブは、プレイの前にアンケート用紙みたいなのに記入してもらい、してほしいことを事前に訊くんだけど、当時はそんなのないから、出たとこ勝負。プレイのスタイルだって、マニュアルなんてあるわけなく、鞭だろうと顔騎だろうと浣腸だろうと、自分のやり方を自分で見つけていった。姉は商才があって、五反田に店を出して、私が人気になると、まず他の女の子を指名してからじゃないと、私を指名できないシステムをつくった。プレイルームの確保とかで、同業者が近くに集まっていたから、住んでいたマンションの駐車場に、ぐるぐる巻きに縛られたM男が転がっていたりしても、何も不思議に思わなかった。それが当然というように、男を踏みつけて歩いていったし。私、わがままでね。待ち合わせしても、わざとすっぽかしたり、7時間も待ち惚《ぼう》けを食らわせたりしていた。ポケベルも携帯もない時代だから、電話しかなくて、夕方頃に出てあげて『まだ待ってんの？ バッカじゃない』って。逆切れもいいところ」

会社の金を横領して逃走中の保険会社のサラリーマンが全額使って、願いをかなえに来たり、連続殺人犯が店に来たことも。

「その犯人はたしか女王様狙いでね。過去に願いをかなえてくれなかったことがあるって、SMクラブを逆恨みしていた。私は相手をしなかったんだけど、品川プリンスの部屋に行くと『俺が何者か分かる？』みたいに言って、犯行をチラつかせていたって。その子が助かったのは、話を聞いてあげたからじゃないかってことになっているけど、合っているかは分からない」

今はひとり暮らし。ペットを飼っていたこともあるが、もう飼う予定はない。料理が好きで、「SMと似ているかも」と言います。タロットカード占い師というもうひとつの顔も持っているそうです。

「恋愛関係になったこともあるけど、口説かれてっていうのはなくて、いつも自分から相手を選んだ。でももうしない。ちょっと付き合うと、相手の本性が分かっちゃうから」

闇の深奥。その奥へ奥へ、下へ下へと降りていくようなエレベーターの中で「ちょっと教えてあげようか」とママは言い、記者の首を羽交い締めに。

物凄い力で、呼吸が止まり、舌を伸ばすしかない。意識が遠のいていき、エレベーターの扉が開いて解放されなければ、どうなっていたか分からないという。

「私ね、落とすの得意なんだ」とママ。瞳が潤んで、アハハと顔をあげ、おかしそうに笑いました。

老舗ファッションヘルスからの眺め

「新宿プチドール」は風林会館と新宿区役所、コマ劇跡にそびえる新宿東宝ビルを線で結んだ三角形の真ん中あたりの路地、歌舞伎町1丁目にひっそりと看板を掲げています。1983年創業の店舗型ファッションヘルスの老舗です。入口が盛り塩で清められていて、「こういうのがいいんだよ」と同行の記者に言いました。

店は地下2階にあり、コンクリートの壁に囲まれた薄暗い階段を降り、直角に曲がって、踊り場をまた直角に曲がって降りていくと、迷宮に紛れ込んでいくようです。客の男たちはここを降りるときに考えるんです。試されるといってもいい。風俗を楽しむ覚悟、ドキドキ感みたいなものを。

「いらっしゃいませ」

ようやく入口に着くと、きちんとしたスーツにネクタイの男性店員がふたり出迎えてくれます。ホテルのフロント係のような紳士がオーナーの清野明徳さん。

「お久しぶりで」

「順調ですか」

「まあまあですね」

風営法改正による影響を訊くと、

「うちは問題ない。むしろ有難いくらいでした」と清野オーナー。古くからある店の知名度、警察との関係、さらに店舗型の新店が認められなくなったことにより、同種のライバル店と競合しないですむようになったのです。

フロント前にはずらりとコンパニオンのポラロイド写真が並んでいて、出身地と年齢、サイズがマジックで書かれ、指名ランキングの数字がついている。眺めていると、少しぽっちゃりして、色白で優しい印象のタイプの姫に人気が集まっているのが分かります。それは昔から変わらない。

風営法改正でデリヘルが主流となり、店舗型風俗はどこか時代に取り残された印象がありますが、実際はどうなのでしょうか。平日の午後4時。客の入りが一段落するという時間帯。待合室は15畳ほどありそうな空間に大きなソファが壁際に据え付けられ、液晶テレビのモニターがニュースを伝えています。しばらくすると、

「マジックミラー、準備ができました」と大声がして、受付にいたスタッフの男性が呼びに来ました。サイレンがまわり、派手な音楽が鳴り響く。この店の顔見せシステム「魅惑のマジックミラー」です。

廊下に出て、スタッフの誘導で店の奥に進むと、ピンク色の扉が15個並んでいる。スタッフがノックすると、LPレコード大の覗き窓の向こうで、ピンクの下着姿の姫が微笑みます。姫からはこちらは見えないという、顔見せ。マジックミラーのため、向こうから客は見えないという趣向です。

「何それ？」

吉永カメラマンがストロボを焚《た》くと、驚いた姫がひとり、部屋から出てきました。取材だと説明すると、別の部屋からも姫が出てきて、「顔出しは困る」「聞いてない」などと言う。顔写真を出すことはないと説明したものの、混乱を避けて撮影を中断すると、

「あっ、カントク！」と明るい声が聞こえてきました。目を向けると、シュミーズ姿の姫

が「中学の頃、よくテレビで見てました」と言いました。

部屋を見せてもらえないかと頼んだら、すぐにドアを開けてくれました。広さは8畳ほどでしょうか、分厚いマットベッドとシャワールーム、クロゼットがあり、コンクリートの打ちっぱなしの壁にイラストや写真が飾られ、小さな机には文庫本が積まれている。一番上のタイトルは『池波正太郎・鬼平料理帳』でありました。

あやさんは東北出身の30代。借金などいろいろあって上京して15年、この店は8年になるそうです。

「私みたいなのも、置いてもらってて」と申し訳なさそうに言いますが、優しい顔だちと吸い込まれそうな白い肌、笑うと柔らかい胸が弾む。カメラを向けると「やんだ、恥ずかしい」とうつむくところといい、人気上位というのも頷ける。その手を握って、「甘手ですな」と言いました。

「廓《くるわ》用語でね。柔らかく、ふんわりとして、男を包み込むんです」

「なまりが出るから」とためらいながらも、あやさんは訥々《とつとつ》と、日々を語ってくれました。

「今は本当に、当たり前といえば当たり前だけど、お客さん全員に丁寧に接客しないと……。通ってくれるかどうか、大切なのは3回目。そこでどう接するかで決まると思うんです。口でサービスするのも、『おしっこが出るところだから汚いよ』って、嫌がる若い方もいるし、70歳を過ぎてもぎんぎんだったり、いろいろです」

店では、1000円の出前を取ってもらうこともできるそうですが、あやさんは弁当を持参。おかずは、ひとり暮らしのアパートでの晩酌につくったつまみだとか。変わりゆく歌舞伎町について訊くと、

「毎日通っても、きのうあった店がなくなっていたりして大変。お客さんに、おいしいお店を紹介してほしいって言われるんですけど、困っちゃって……」

『うな鐵』なんかいいだろう、くりから焼きがうまいんだ
私が言うと、「そうそう」とあやさんは手を叩きました。どことなく昭和の薫りが漂っています。風俗に来る男たちは、女を抱きに来るのではなく、女に抱かれに来る。そんな言い方を思い出し、孤独な中年男たちの姿が目に浮かびました。

「やあ、いかがでした」

あやさんの部屋を後にすると、清野さんは待合室で待っていてくれました。歌舞伎町の生き証人が街の近況を語ります。

「当時は14あった部屋がいつも満室、そのうえ行列でしたからね。15人目の女の子が客を取りたくても部屋がないから、出勤中、食事に連れていって時間を潰したりしていたものですよ」

「こちらはファッションマッサージ、今でいうヘルスの先駆けですからね。当時は他にソープかピンサロくらいしかなかったし、若くてかわいい子が多かった。全室シャワー付きだから働く側も客も清潔で安心。全員じゃないけど、アルバイト感覚で、あまり重たいものを背負っていない印象でしたね」

80年代、コンパニオンは「フーゾクギャル」と呼ばれ、有名大学の現役女子がいたり、アイドルタレントのように騒がれたりしていた。今はどうか。清野さんが言います。

「まずお客さん。30年通い続けてくれるような常連さんがいる一方で、若いお客さんは当時と比べると、そりゃあ減ってますよ。働く女の子たちも当時より大人といいますか、いろんな店を経て、きちんと調べてから面接に来ますね。頑張る子は週に4日出て、生理を除いて月16日くらい出勤しています。それで、50万円前後というところ。昔は100万円も珍しくなく、もっと稼ぎたい、稼いでひと財産築きたいという野望をよく聞いたものですが、最近は食べていける分だけ稼げればいいというのがほとんど。変われば変わるものです」

　都の歌舞伎町浄化作戦はどうなったのでしょう。気が付けば、通りのあちらこちらに客引きが立っていて、ボッタクリによる被害が伝えられている。

「不思議なものでね、その筋の者が通りごとに立っていて、目を光らせていた当時よりもおかしくなっている。うちの店は客引きもポーターも出していないんだけど、店に入ろうとするお客さんの腕を引っ張って別の店に連れていくようなことまでされている。いろんな国の者たちが入り乱れ、何でもありの無法状態ですよ。この国には、曖昧なところの良さというものがあった。手淫だろうと口淫だろうと、本来はまずいんだけれども、新風営法では、現行犯でなければ逮捕されないことになっている。お上との間に暗黙の了解みたいなものがあってね。大っぴらに認めるわけじゃないが、目立たずにこそこそやれば、まあ大丈夫という。ところが今じゃ国民一人ひとりに番号をつけ、うちみたいな店で働く女の子からも所得税を取ろうっていうんだから。全く嫌な感じですよ」

　風俗店では今、外国人の受け入れが大きな問題になっているそうです。コンパニオンに判断を任せたり、まちまちだそうですが、「プチドール」はお断り。

「そもそも本番なしは外国人に理解されない。世界で唯一、日本だけのサービスなんですよ」と清野さんは胸を張ります。

「純国産ですね」と私は言いました。

新しくできては潰れていくデリヘルと違い、同じところに店舗があるという安心感、常連客の認知度、居心地の良さ。東京出張のたびにこっそり遊びに来るサラリーマンがいて、そうした小さなコミュニティによって店は今も成り立っているのです。

ストリップ、テレクラ、JKビジネスの光と影

東京のストリップの殿堂とされる「浅草ロック座」を運営していた斎藤観光が東京地裁から破産手続開始決定を受けたのが２０１４年のこと。１９４７年の開業から70年近く、近隣のフランス座とともに一時代を築いたものですが、ストリップの灯は消えたのでしょうか。そんな疑問が頭をもたげ、歌舞伎町に3軒ある劇場のひとつ「TSミュージック」を覗いてみました。初めてストリップを見た早稲田中2年のとき、踊り子さんの美しさったらなかった。

さて、最近はどうでしょう。先に偵察に行った記者によると、平日夜とあってか、客入りは約60席の半分くらい。

「なんか皆、静かだね」と、舞姫が客席に向かって声をかけていたそうです。耳をつんざく音楽がやみ、カラフルなライトが殺風景な蛍光灯にかわり、1枚500円の写真サービスを終えた幕間、舞姫は続けて「ストリップは楽しいんだよ。盛り上がって」と手を振っていたとか。

それに応じたのは、シルバー割引の3000円で来場したとみられる最前列のシニアと、タンバリンを鳴らしていたファン。携帯のカメラでの撮影を注意されていた韓国人の中年男5人組が席を立つと、ネオン街のど真ん中とは思えない場末の雰囲気が漂ったそうです。壁に寄りかかり、船を漕いでいたサラリーマンが「外出」を従業員に申し出て、買ってきた発泡酒のプルタブを引き開けてグビリ。マスコミで最初に私を見出してくれたサンスポの記者さんがストリップ好きで、スキットルを懐に忍ばせて、ウィスキーをちびりちびりと嚙みながら、じっと姫を眺めていたのを思い出しました。

また、昔は韓国のお客を「キムチ」、中国を「ウーロン茶」と呼んで、それぞれ特有のといいますか、きちんと彼ら向けのパフォーマンスをしていたものです。まだ少数派だったからですが、今ではそんな外国人客が主流も主流、観光スポットになっているんですからね。ま、日本のストリップはとうの昔にハリウッドでもやって、やたら受けていた。舞台に客をのせたり、ポラロイドを撮らせたりというサービスも含め、日本ならではのものが喜ばれる。

大きくいえば、ストリップは大衆文化の殿堂なんです。ただのヌードショーではないと私は言いたい。永井荷風は毎日通って、その作品はストリップで培われたと言っていいくらいですし、浅草のフランス座でたけちゃん（ビートたけし）がエレベーターボーイをやっていたのは有名な話、井上ひさしさんはフランス座の文芸部でした。

さて、店に入ると、なるほど大盛況とは言えず、行列までできていた頃がちょっと懐かしくもなります。とはいえ、久しぶりに楽屋を覗かせてもらったら、踊り子さんたちは礼儀正しくて、全盛期の雰囲気がどことなく残っている。まばゆいスポットライトの中全身で踊っても汗まみれにならないのは、きちんと水分調整をしているからで、そうしたプロ意識、伝統も死んじゃいない。

「私、高級寿司店を思い出すって言われるの」とは、人気の踊り子さん。ヘアの処理が当たり前になるなか、敢えて手入れをしていない、親からもらった野性的な漆黒の密林が人気の秘密で、ほんの10センチ近くまで寄って、かぶりつくように見ると、新鮮なイカ刺しの匂いがすると言われるのだそうです。イカと女性器。性欲は食欲に通じる。どちらも人間の本能をつかさどる大脳辺縁系による情動です。脳の性欲中枢と食欲中枢は2ミリしか離れていないのですから、情事の後にお腹が減るのも、無関係ではないでしょう。
孤独な中高年男たちは、もう昔のように女を抱いたり、オーガズムを得る機会がありはしない。だけれども、嗅覚や視覚を通じて、妄想によって、そこに近づくことはできる。今や遠い女たちも、記憶の中では、優しく微笑んでくれるのです。

飛ぶ鳥の　声も聞こえぬ　奥山の
深き心を　人は知らなむ（詠《よ》み人知らず）

そう古今和歌集の歌にあるように、歳をとり、浮き名を流した頃が嘘のような、孤独な身の上だけれども、あの囁《ささや》き、歓び、昂ぶり、思いは忘れちゃいない。その思いを、遠き恋人に伝えられたら……と思うのが、男心というもの。ストリップは、仕事や家庭を離れて、そんな自分だけの密かな時間を過ごせる男の隠れ場。若い踊り子さんたちの中には、『『トゥナイト』を見て踊り子になった」という声もあり、背中がこそばゆくなりました。世間に後ろ指さされるようなことでも、続けていれば、何かある。無駄なことはないんだと、今そういう思いをしている人たちに伝えたい。こっそりとね。

テレクラは1985年の風営法改正後に登場しました。草分けは新宿「アトリエキーホール」とか「東京12チャンネル」とされ、ティッシュと電話の置かれた狭い個室で、店にかかってくる女性からの電話を我先に、奪い合うように取り、会話し口説く姿を『トゥナイト』でも取材しました。現在はどうなっているのでしょう。こちらも記者が偵察に入ると、店員が懇切丁寧にレクチャーしてくれました。同時に年齢と名前を訊《たず》ねられた。

「かけてこられた女性に、電話で話す前に、どんな方なのか、事前に知りたいという方が少なくないんです」と店員さん。

「『早取り』は今は必要ありません。こちらから、順番におつなぎしますので。ただ、会話が合わなかったりした場合、『即切り』するのではなく、フロントにコールバックしてくださいね」

それはトラブル防止のためであり、女性へのマナーなのだそうです。

「何度でも外出可能でおすすめ」の言葉に従って2時間コース2900円を選んで、入室すると、ティッシュと電話の他、液晶テレビがあり、パソコンも使えるようになっている。

隣室からの話し声を耳にしながら、パソコン画面を開くと、男性体験談が載っています。

《3時間コースで2本は軍人、合う気なし。2本は旧コマ前で待ち合わせ。すっぽかし、挫けそう。終了5分前に店の近くにいると燕希望の女性、1で良いとの事、面接行くも完璧な軍人さんでしな》

当て字や、専門用語らしき言い回しが多く、分かりにくいのですが、「援」「ワケアリ」は援助交際、「軍人」は売春目当てのプロを意味するらしい。以下、記者の体験談です。

「夜勤明けの看護師という女に援助交際の値段を訊くと、ホテル代別で2万円と言ってきました。慣れた様子から、吹っかけてきているとみて、交渉すると、ホテル代込みで1万5000円に。フロントで外出を告げ、地下の店から表に出ると、ベージュのトレンチコートを着た細身の中年女が近づいてきました。40代の後半か。店の目の前、とんかつ屋の前で待ち構えていたんです。3000円程度のホテルを知っているので、歩き出した途中、コンビニでチョコレート3枚とウイダーinゼリーを買わされました」

そのホテルは「プチドール」近くの雑居ビルにあり、看板もなく、バンコクのゲストハウスを思い出したとか。

「受付で3000円払い、500円おつりが来ると、それを当然のように、財布に入れてしまいました。部屋は壊れかけた窓と、天井でプロペラのように回る扇風機。小さなテレビと冷蔵庫。ベッドはシーツだけで、掛布団もない。ウイダーinゼリーをチュウチュウと物凄い勢いで吸い、チョコレートをバリバリと貪りながら、女が重ね着した下着を取っていくと、スリムというのでは足りない、ガリガリ。病的な痩せ方です。そこで取材を申し出たところ、怪訝《けげん》な顔をして腕時計を見、『15分なら』と言ったんです」

断って、金を手にできなくなるのが嫌だったのか。セックスをしなくていいと分かって、楽だと思ったのか。

「テレクラ売春をはじめてどのくらい？」

「……うん」

「完全にひとりでやってるの？」

「まあ」

「風俗店で働くほうが安全だと思うけれど、どうですか」

「看護師だから、どう言ったらいいのか分からない」

内科なのか外科なのか訊いても答えず、「セクション？　ICUの近く」などとあいまいに繰り返すばかり。

「そういうの知りたいんなら、『出会いカフェ』とか行ったらどうですか？　JKとかいて、いろいろ問題になってるじゃない」と言って、部屋を出ていってしまったそうです。

JKビジネスについては、N氏の店の常連さんからこんな話を聞いていました。

「『フライデー』に載った店が気になっていろいろ調べて、大久保駅から電話することになって、行ってみたら、雑居ビルの2階で、ドアに張り紙がしてあるんです。店は移転して、区役所通りの区役所前あたりを指した地図が描いてある。それで、ああ記事の反響でお客が殺到したんだなって分かりました。ネットでは新規の客がたどり着けないように、アナログの地図で伝えていたんですよ。それで、地図の場所に行って、ビルの前に立っていたら、本当に制服姿の若い女の子が入っていく。回転寿司の入っているビルです。電話して店に入ったら、そこは事務所か小さな会社のようなスペースなんですけど、屏風《びょうぶ》で区切られた部屋が並んでいて、誰かの靴を踏まないと歩けないくらい狭い。その通路を通って、部屋のひとつに案内されました。部屋といっても簡易テーブルと小さな椅子があるだけ。待っていると、制服の女の子が現れました。それが偶然にも『フライデー』に出ていた子だっていうじゃないですか。生徒手帳も見せてくれました。『裏オプある？』って訊いたら、頷いて、1万5000円を払いました。その簡易テーブルがベッドの代わりだったんですよ。いやあ、よく考えるもんだって感心しちゃって」

ＪＫビジネスは、夕刊の3行広告にも載っているそうです。「ＡＫＢ」などと、少女をほのめかす店名などが目印で、試しに常連さんが電話で問い合わせたところ、高校生は6万円、中学生は8万円で、試しに「小学生は？」と訊くと「店で会ってから」と答えたとか。

テレクラの2時間コース終了まで30分以上残っていたため、記者が再び地下の個室に入ると、今度は先ほどより若い声が受話器に響きました。急いでいる風でもなく、暇つぶしの雑談を楽しんでいるようにも聞こえる。

「よく電話するんですか」

「そうですね」

「この後会えますか？」

「……ちょっと待っててもらえますか」

沈黙の向こうで、誰かと話している気配。

「じゃあ、会いましょうか」と女は言いました。

約束の旧コマ劇前に立ち、15分ほど待ったものの、女は現れない。場所を間違えたか。テレクラに戻って、フロント係に伝言などないか訊くと、首を振って言いました。

「追わないほうがいいです」

諦めて、歌舞伎町の街に出ると、目の前を先ほどの自称看護師の女が中年男の腕をとって歩いている。もう別の客を取ったらしく、記者を一瞥《いちべつ》することもなく、コートの細い背中が雑踏に消えていきました。

「出会いカフェ」は「お見合いパブ」などと同様の業態で、いわゆる援助目的の若い女と客の男が交渉する店。マジックミラー越しに女を指名するシステムは、胸に番号札をつけひな壇に並ぶ女を鏡越しに見て指名するタイのマッサージパーラーを思い起こさせました。

「そこは若い女じゃないと入れないから、それをやっかんで、取材したらって言ったんじゃないですか」

テレクラの自称看護師が「出会いカフェ」を取材するように言った理由を、N氏の店の常連さんはそう推察しました。

ゴールデン街の灯りは揺れて……

歌は世につれ、世は歌につれ。時代と共にネオン街もその表情を変え、刻々と様変わりしています。歌舞伎町は新宿ゴールデン街に足を踏み入れると、どの通りも外国人観光客で賑わっていて、まっすぐ歩けないほど。戦後闇市の妖しくて、雑多な雰囲気、青線時代の面影を残しつつも、英語が飛び交い、笑い声が響く通りは明らかに、当時とは違う。

この一角を都電が走り、ガタゴト行くと、線路脇に住まう女たちの干す洗濯物がはためいていた光景なんて、覚えている人のほうが少なくなっている気がします。アンモニアとアルコール、吐しゃ物の混じり合った路地裏の饐《す》えた臭いに、欧米人の体臭と香水の匂いが混じっています。

細い階段を上り、「クラクラ」の扉を押しました。坂口安吾夫人が銀座で開いていた文壇バーを引き継ぎ、役者で演出家の外波山文明《とばやまぶんめい》さんが店長をつとめる老舗。ピンク映画全盛の60〜70年代、若ちゃんこと故・若松孝二監督らが杯を重ね、寺山修司らが熱い議論を戦わせた店です。演劇のポスターが幾重にも貼られ、セピア色をした壁や天井からは、ゲバ棒にヘルメットをかぶった学生たちの政治運動華やかなりし頃の雰囲気もごくわずかに漂っています。窓際のテーブル席は、私のピンク映画にも何本も出てくれた元日本フライ級王者、たこ八郎（故・斎藤清作さん）の指定席でした。

外波山さんが言います。

「酔いつぶれて、寝ていると思ったら、むくりと起きて『お前ら、仲間じゃねえ。とっとと帰れ』と言ったりしていたね。場を乱す輩、周りに迷惑をかける酔っ払いには厳しいんだ」

やくざ相手に立ち回りを演じたこともありました。自分は一発も手を出さなくて。

カウンターの止まり木でコップのビールをあおれば、思い出が顔を出します。たこちゃんが神奈川県真鶴町の海水浴場で溺れ、この世を去って三十余年の時が流れていきました。カウンターの常連方も、年代が近く、皆さん遠くを見る目になる。私は本名を伊藤直《ただし》といいまして、昔はそれをもじり「チョク」というニックネームで呼ばれていました。

たこちゃんは私を「チョクしゃんしぇんしぇい」と呼び、映画でドジなポリスなどに扮しては、リングでは一度も見せなかったダウンを繰り返し、観客を沸かせました。

濡れ場、絡みのシーンでは、女優がベッドでたこちゃんの上にのしかかったところ、それまで知らんぷりだったのが、突然思い出して名前を呼んだとか、酔っ払うと美人に噛みつくせがあって、日活ロマンポルノの女優と噛みっこをして耳を半分噛み切られてしまったとか、人情家で義理に厚く、恩人のおばあちゃんの葬式で遺骨をポリポリと食べてしまった等々、逸話は数え切れません。

「試合の前にセックスしたら駄目だとか、言うけれど、あれは嘘だね。俺は試合前日にトルコ風呂へ行ったけど、じぇんじぇん平気だったよ」

生涯独身。新宿百人町にあった錆《さ》びたトタン屋根の木造モルタルアパート2階角部屋でひとり暮らしをして、朝から酒を飲み、夕方になると下駄ばきでゴールデン街に繰り出してははしご酒。

「ボクシングで壊しちゃった俺の体は酒を飲まないと元に戻らないの」と言って水割りのグラスをあおっていた。つまみを一切食べず、ひたすら酒ばかり飲んで。ゴールデン街がデモ隊の隠れアジトでもあり、機動隊が解散命令を拡声器で響かせていた頃の話です。

ボクサー時代から片目の視力がなく、ノーガードで倒すか倒されるかのファイトをした結果、パンチドランカーになってしまった。演技がリハビリになったのか、「頭の回路がつながったよ」と喜んでいた。亡くなるちょっと前のことだったと思います。享年44。菩提寺は台東区下谷の日照山法昌寺。赤塚不二夫さんたちと発起人となり、建立した「たこ地蔵」には、「迷惑かけてありがとう　たこ八郎」という座右の銘が刻んであります。

あるときゴールデン街で「たこちゃん、元チャンピオンならもう少しプライド持てよ」と言ったところ、

「チョクしゃんしぇんしぇいは喧嘩《けんか》強いって言うけど、俺のフックとかストレートやられたらたまんねえぞ。1秒持たずに倒れるね」と言ってきた。

「何言ってんだよ。外行って喧嘩しても平気か」

「もちろん」

通りでは、やくざっぽいのが歩いてきて、私がいきなりその頬を張り飛ばしたものだから、「このガキ！」となる。そこで、たこちゃんの登場、ゴングとばかりに殴りかかると思ったら、一発も殴り返さないものだから、ふたり揃《そろ》って殴られ蹴られ、散々な目に遭った。店で介抱してもらい、席で横になっていたら、ママが「大根おろしを顔にのっけておけば」と言った。私が沁《し》みるのを我慢していると、けらけら笑っている。

「何がおかしいんだバカ野郎」と怒鳴ると、

「チョクしゃんしぇんしぇいの顔の上で大根おろしがもみじおろしになっているよ」

たこちゃんの言った唯一の冗談でした。

歳をとった楽しみがあるとすれば、思い出を語ること。

「いやあ、今の客はお行儀が良く、滅多なことじゃ、喧嘩にならないけれど、当時は毎晩のようにやっていた。チョクさんも血気盛んで武勇伝がたくさんあるよね」

「そういえば若ちゃんの（撮影）組と鉢合わせて、乱闘になったこともあったなあ」

その若松監督も鬼籍に入ってもう幾年月。若ちゃんとはピンク映画の全盛期、ヘアやワイセツの基準をめぐって映倫とのせめぎ合いを繰り返した同志でもありました。

東京五輪で沸いた1964年当時も、お上による風俗取り締まり、さながら弾圧によって、東京の街がどれだけ壊され、どれだけ庶民生活を犠牲にしたか。

「またぞろ五輪絡みの再開発でゴールデン街の灯りも消されるんじゃないか」という声を耳にしました。

閑話休題①　男らしくやりたいナ　男らしくやれないナ

「『人間』らしくやりたいナ／トリスを飲んで／『人間』らしくやりたいナ／『人間』なんだからナ」というそんな開高健《たけし》のCMコピーが巷《ちまた》に広まった1961年（昭和36年）から半世紀を超える歳月が流れました。人間らしくやりたい。ただ、新聞に掲載された広告では括弧つきの「人間」だったように、改めて見渡してみると、世の中にいるのは男と女であり、抽象的な「人間」は厳密には存在しません。

男には男の考え方、特徴があり、女には女の考え方、特徴があり、その間の差異によって、人類は進化してきた。性科学者で、脳生理学者の大島清先生によりますと、男を男たらしめているのが男脳、女を女たらしめているのが女脳として、構造からして違うのです。男と女の間には、深くて暗い河が流れている。

先生は著書『女の脳・男の脳』などでその知見を紹介されていますが、興味深いもののひとつに、奇妙な運命を背負ってしまったアメリカの一卵性双生児の話があります。ひとつの受精卵がふたつに分割されて生まれてきたユダヤ人の双子の男の子の話で、両親がユダヤの習俗に従い生後7カ月で割礼の手術を施したとき、あやまってひとりのペニスをちょん切ってしまった。

医師も両親も心配しました。このまま思春期を迎え、さらに大人になっていくとき、男のシンボルのない事実はとても大きな問題になるに違いない。熟慮の末、男として育てるのではなく、女として生きる道を選ばせることにしたのです。なまじ苦労するのであれば、睾丸《こうがん》も去勢し、多量の女性ホルモンを投与して、女の子として育てることにしよう、と。

たとえ子どもの産めない女であっても、ペニスのない男よりはいいという選択でした。そうして彼は手術を受け、人工的に女性器を整えてもらいました。

　さて、その後どうなったのか。教育や環境整備、女性ホルモンの効果があり、クリスマスになると人形の家を欲しがり、性転換は成功したかのように見えた。ところが、時間が経つにつれて、どことなく粗野になり、声が野太くなり、男の子へと逆戻りしていったのです。つまり、彼は誕生以前に、母胎にいるときすでに男としてセットされており、それが機能しはじめたというわけです、胎内でどの部分に男がセットされていたのか。それは胎児の脳だと大島先生は述べています。

　プラトンによれば、この世の中は男と女に二分されているが、もとのもとはアンドロギュノスという男女《オメ》がいて、一体だった。それが神に反抗して、真っぷたつに裂かれてしまった。だからこそ、男と女は求め合い、ひとつに戻ろうとする。

　これは医学的にも言えて、もともと母親の胎内で生を受けたとき、胎児は女性ホルモンの海に浸《つ》かっている、性が未分化の両性具有者であったわけで、それが妊娠4カ月から7カ月の間にかけ、分化をはじめる。女は女性ホルモンの海で、そのまま女脳になり、男は男に特有のY染色体が起動される。つまり男は、男に生まれるというより、後天的に、男に、なる。男脳は女脳の改造・変異型で、祖型（原型）は女脳なんです。男はその成長タイプ。違うバリエーションと言ってもいいかもしれない。

男と女の最大の違いは、言うまでもなく、妊娠するかしないか。妊娠出産し種を保存していくには、身の安全を保つのが先決条件ですから、女脳は環境の変化に柔軟で、弾力、したたかさ、生命力がある。危機に瀕《ひん》しても、素早く脳のチャンネルを切り替え、生き残る道を模索するのです。

対する男は身の安全に女ほど配慮する必要がない分、適応力に欠ける。融通が利かないという弱点がある。真冬の山の遭難で生き残るのに男より女が多いのも、自殺者や子どもの自閉症が男より少ないのも、失恋からの立ち直りが早いのも、女脳のサバイバル能力によるのです。

セックスにおいては、ご存知の通り、めくるめく一瞬の痙攣で終わる単純型の男に対して、女は多重型のオーガズムを持っている。ときに顕在意識を吹っ飛ばすような、失神にまで達する快感です。これらをまとめると、女はしたたかで、生命力に富み、ストレスにもめいらず、強靭《きょうじん》で、逆境にもすぐに対応し、くじけない。すぐに硬直しがちな男よりも、強い。

男脳の役割は、種の保存という観点から見ると、単に生殖妊娠を促すためにある。男の人生はつまるところ、強靭な女脳のしもべ、女を庇護《ひご》することに尽きる。そこに、意識するしないにかかわらず、子どもを産めないことに発するコンプレックスがある。世界遺産のピラミッドや万里の長城などの建設は男たちの女へのコンプレックスが原動力だったという見方がある通り、あらゆる偉業は、かなわぬ女へ対抗しようという涙ぐましい努力の結果かもしれない。

とはいえ現代は筋肉でも格闘技でも、女の進出が目覚ましく、美しい彼女を獲得する女まで現れてきていて、芸術でも文化でも力でも、男だけの領域は狭まるばかり。男らしさを発揮できないがゆえの昨今の女性化、草食化ということもあるのではないか。さらに、テクノストレス・インポテンツもある。コンピューター社会のストレスはいかばかりか。

もう男らしくやるのが苦しいなら、男らしくやらなくてもいいじゃないか。強くなった女たちから「かわいい」のなんのと品定めされたのでは、辛かろう。現実に男らしさを捨てて、草食化していく若い男たちは、ひょっとしたら、アンドロギュノス（両性具有者）への回帰、先祖返りをしているのかもしれません。

第二章　苦渋に満ちた青春の性

最初の風俗嬢

私は1939年（昭和14年）6月、東京は神田で生を受けた。ちゃきちゃきの江戸っ子と言われればそうなのだろうけれど、昭和という時代も含めて、懐かしいと思ったことはない。子どもの頃、家に帰るといつも知らない人がいて、ああだこうだと言ってくる。お袋の居場所なんて台所の隅っこくらいしかない。そんな下町の雰囲気がとても嫌だった。子どもは大人用自転車の三角乗りが当たり前だった時代、子ども用を買ってもらったら、やっかまれていじめられた。夜中にひとり、息をひそめてこっそり乗ったのを覚えている。

父親は大手ゼネコンの執行役員だった。一級建築士でもあり、私を中学から早稲田に通わせたのも、早稲田高、早大理工学部を経て同じ道に進ませるためであった。その父は競馬の趣味が高じて競走馬を持っていて、早稲田中学入試の際は「不合格だったら、競馬に売り飛ばす」と言って、競馬学校への強制入学を持ち出してきた。

夢や希望なんて、どこにもなかった。父親が自分の娘に手をかけたり、14歳の中学生の少女が30代の男のアパートに出入りしたりするのを、ごく普通に見聞きしていたからかもしれない。

「年増女とお寺の鐘は突けば突くほどうなり出す」だったか、近畿地方の民謡デカンショ節の歌詞を子どもの時分から耳にし、意味も分からず口ずさんでいた。

あの敗戦の1945年8月、見渡す限りの焼け野原でお上が真っ先にやったのが連合国軍の女の世話という国である。間もなく上陸してくる連合軍の兵士たちに一般の婦女子が襲われたら大変と思ったのだろうが、ポツダム宣言受諾の玉音放送から3日後に警視庁保安課が花柳界の代表者を集めて連合軍向けの公娼施設について協議し、翌19日、近衛文麿《このえふみまろ》副総理の命を受けた警視総監の坂信弥《のぶよし》が高級料亭「嵯峨野《さがの》」の主人を呼び出す。そこで業界の取りまとめを要請したというのだから、凄い。そして27日に大森海岸の料亭「小町園」に性的慰安所施設第1号が開業した。

この準備などにあたったのがRAA（特殊慰安施設協会）です。特殊浴場だの特殊飲食店街だの、風俗につきものの特殊という表現は、ここがルーツだとされる。

それはともかく、銀座に本部を置いたRAAが「戦後処理の国家的緊急施設　新日本女性求む」との広告を出し、殺到した応募者から1360人を採用しました。売春は世界最古の職業といいますけど、これが日本で初めての風俗嬢なのではないか。それまでも遊女はいたし、売買春もありましたが、親に身売りされたりしてなった人身売買だったのに対して、こちらは、女が自立するための職業といいますか。いろいろな事情はあるにせよ、今の風俗嬢に近いものを感じるのであります。

お上の旗振りで幕を開けた戦後風俗史は、慰安施設の風俗嬢、さらに在日米兵相手の街娼パンパンの登場で一気に花が開きます。パンパンとは、日本人の片言英語のことを米兵たちがパングリッシュと言っていたことにちなみ、パングリッシュを話すことからそう呼ばれるようになったとか。この頃、代々木のワシントンハイツ近くの旅館の部屋に「チューリップ」「チェリー」といったカタカナ名がついていました。特定の上級将校の愛人・オンリーが囲われていたのでしょう。

ちなみに、今やテレビでもお馴染みのハーフが日本に誕生したのも、この当時からではないかと私は思っております。戦時中、同盟を組んでいたナチス・ドイツの純血主義の影響もあってか、海外で抑留された後帰国した女たちが妊娠していると、堕胎させていたという話を聞いています。さすがに慰安施設をつくり、米兵相手の売春をさせておいて、妊娠したらおろせとまでは、さしものお上も言えなかったでしょうし、パンパンやオンリー全員を避妊させることなど不可能ですから。

繁華街では、日本人向けの風俗も続々と出てまいります。１９４７年（昭和22年）に新宿は帝都座で初のストリップショーが開演。ストリップといっても、舞台中央の額縁の中でヌードモデルが30秒くらい静止ポーズをとるという見世物でしたけど、額縁ショーとして流行《はや》り、１９５０年（昭和25年）になると、今のピンサロのルーツのようなアルサロことアルバイトサロンが大阪で開業し、瞬く間に全国に展開していきました。

翌51年（昭和26年）には、東京の東銀座に初のトルコ風呂「東京温泉」ができています。もっとも、最初は健全に個室でのマッサージを受けられるだけでして、「オスペ」がはじまるのは53年（昭和28年）になってからです。

風俗が花開いたといっても、庶民の暮らしに影響があるというほどでもなかったと思います。この当時、私は10代を過ごしましたが、情報もなければ、金もなかった。周りを見ても、マグマのごとく突き上げる性欲を持て余し、苦渋に満ちた青春を送っていた。

体育の時間、登り棒、綱登りに刺激されて勃起したり、全力疾走の最中に射精してしまったり。狭い日本の家では、ひとりきりになれる部屋も時間もそうはなかっただろうし、私も親や女きょうだいにいつも囲まれて、こっそり処理することもできず、朝、夢精で汚してしまったパンツを見られるのが嫌で捨てていた。しばらくして母に、

「変ねえ。下着が無くなるのよ。どうしちゃったのか、知らない？」と訊かれたときは、

黙ってうつむくしかなかった。

性を大っぴらに口にするのも憚《はばか》られたのです。

なんとか滑り込んだ早稲田中では映研に入り、部長だった中3のとき、家城巳代治《いえきみよじ》監督の『姉妹』を学校で上映した。同級生らは喜んでくれたが、3日間の謹慎処分となった。女の子どうしのキスシーンが、規範だの道徳だの公序良俗だのといって、問題視されたのです。

男女の絡み、ベッドシーンではワセコー（早稲田高校）時代に観た『夜の河』を思い出します。ヒロイン山本富士子が上原謙と旅館で結ばれるシーン。畳に布団が敷かれ、枕が並び、水差しが置いてある。上原謙が黙って座り、その隣で富士子が恥ずかしそうにうつむいている。女中が「おやすみなさい」と言って襖《ふすま》を閉めると、カメラはフェイドアウトして、暗転。やがて雀が鳴いて、同じ女中が「ゆっくり休めましたか」と襖を開ける。襖の向こう、夜の営みは描かれない。

早稲田松竹で友達と『野菊の如き君なりき』（1955年）を観て、胸に恋心を秘めたまま、若くして死んでいったヒロインの姿に胸を打たれ、上映後に座席で涙を拭っていると、後ろで年配のおじさんが立ち上がって、「おいコラ、学生！」と大声で言いました。

「お前ら泣いている場合か。二度とこういう時代がこないよう、これから頑張ってやっていかなければならないんだぞ！」

頑張らねばならないのは分かっている。ただ、どこでどう頑張ればいいのかがまだ見えない。悶々《もんもん》とする毎日から抜け出せないまま、大学受験となり、日大藝術学部を見学してみて驚いた。歌舞伎に時代劇と好き勝手な格好をして、タップダンスを練習したり、映写カメラを回したりしていたのです。高田馬場駅で降りるのも飽きていたし、すぐに腹は決まった。父親は激怒して、何年も口をきいてくれませんでしたが。

それで応援団に入り、木刀を振り回したりしていたのも、どうしようもない性欲からだったのだと今は思う。

応援団では、オナニー大会というのがあり、居並ぶ先輩たちの前に新入生が並んで、誰が早く射精するか競争させられました。負けると敗者復活戦に出なければならないと聞かされ、何度もさらし者になるのは嫌で、なんとか勝ち抜けようと思った。

「よーし、はじめ」の合図と共に妄想の世界に入ろうとすると、

「目を開けたままやれ」と怒鳴られた。

いかつい男たちに囲まれて、オナニーするのは辛い。どうしようかと見渡したら、両隣

の同級生の勃起したペニスが目に飛び込んできた。同級生が頑張ってやっているのをまざまざと見ていたら、男色の気はないのに、興奮できたのです。そういえば、女装をさせられて、オナペットになったこともあります。石原慎太郎の小説『太陽の季節』をまねて、仲間と障子を突き破ろうとしたこともある。

性に悩み、悶々としながら、同じ悩みを抱えている者どうしがつながるといいますか、おおらかな男文化というものがあったことをここに書き残しておきたい。

マッチ売りのおばさんと、スケッチ屋のお姐さん

二十歳を過ぎた頃だったか、風俗を垣間見るようになった。

「マッチ売りの面白いおばさんがいるんだ」と先輩に連れられて、新宿花園神社に行ったときのこと。

「マッチ売りといえば、少女じゃないんですか」と私は訊いた。

今のゴールデン街は青線で、トタン屋根のバラックが肩寄せ合い、戦後闇市の名残を漂わせていた。都電が走ると、線路脇で肩寄せ合うように建ち並ぶスナックの前や2階に干された洗濯物が揺れる。

「きょうは風があるから、どうかな。いるかしら」

「どういう意味ですか」

足早に歩く先輩に置いていかれないよう、軽く息を切らせながら、返事を待ったものの、にやにやするだけで答えない。

夕陽が赤々として、やたら大きく見えた。

花園神社は演劇や踊り、見世物があり、雑多なエネルギーに満ちていました。

先輩は神社の周りや、境内の隅っこのほうを探している。暗がりに、身を隠すようにしゃがんでいる、人影がありました。

マッチ売りのおばさんは、マッチ1本を100円で売っている。高田馬場から千駄ヶ谷まで国電の切符が35円という時分です。決して安くない。

それでそのマッチを擦って、火が消えるまでの刹那、着物の裾をまくって、脚を開く。客はゆらゆらする炎の向こうに目を凝らす。1秒でも長く火を持たせようとするでしょう。風が強ければ、火はあっという間に消えてしまう。そうなれば、客は寄り付かないだろうし、おばさんは商売あがったり。そういう事情を聞きながら、神社の隅を見つめていました。

青線で客をとれなくなった女たちがこっそりと身銭を稼ぐ。

暗がりの向こうに、小さな火がともっているのを私は見ました。


新宿2丁目に「ひとみ寿司」という寿司屋があって、店に向かって右側の小路には、ミニスカートから痩せぎすの脚を出した女が明後日《あさって》のほうを見て立っていた。その隣で渡世人風の男が手を打ち鳴らし、

「スケッチはいかが？　スケッチ」と通行人に呼びかけていた。

日藝の美術学科のデッサンの授業を覗いて、裸婦モデルを見たことはあったものの、間近でというわけじゃない。友達となんとなく頷き合って、男に金を払うと、画用紙と2Bの鉛筆を手渡され、室内に案内された。

表に立っていた女が入ってきて、無造作に脚を開く。ピンク色の小さなパンティが片足の足首のところにぶらさがっている。

先客の男たちが唾を飲む。

密林より、女の下腹部のあたりの妊娠線や手術の痕などの傷が生々しく、刺青《いれずみ》を焼いた痕もあり、なんとなく目をそらしつつ、多少の絵心があった私は画用紙に鉛筆を走らせた。

しばらくデッサンをしていると、

「なんなんだ、アンタ」と甲高い怒声が響いた。

自分に向けられたものだとはすぐに分からず、キョトンとしていると、それが女の怒りに火を注いでしまった。

「ちゃんと見ろってんだ！　馬鹿にしてんのか、この野郎！」

目を三角にした女の、なんと怖かったことか。周りの男たちは画用紙と鉛筆を手にしながらも、実際にデッサンをしている者はひとりもいなかった。

東京五輪1964

新宿を歩いていると、怪しい輩がどこからともなく近づいてきて、何事か耳打ちしてきた。

スライド映写機の原型である幻灯機を使って、紙芝居の真似事をしていると、やくざが寄ってきて、「ブルーフィルムを撮ってくれ」と頼まれたこともある。

お上主導ではじまった性風俗をやくざがしのぎにして広めていったのだ。性欲は金になる。商売になる。1950年代になると、パンパンの増加や怪しい風俗による風紀の乱れが問題視されるようになり、米軍基地のある岩国市などで売春取締条例が制定された。

大きく潮目が変わったのは、米極東軍司令部の53年（昭和28年）のこの声明からである。

「米国人に夜の女を提供するような取り決めに合意することは、米国人の倫理的原則に反する」

だったら最初からそう言え、と誰だって言いたくなるだろう。これで、折からの売春反対の勢力が一気に勢いづき、売春対策審議会が結成された。売春禁止期成全国婦人大会が虎ノ門の共済会館で開かれ、市川房枝女史らの旗振りで売春禁止の機運が盛り上がっていく。

そして議員立法で売春等処罰法案が衆院に提出され、いったんは否決されたものの、56年（昭和31年）に衆院を通過し成立、57年（昭和32年）4月1日、売春防止法が施行された。

なぜ売春禁止法ではなく、防止法となったのかというと、ここにまだまだ貧しく、悲しき世情が関係している。55年（昭和30年）の厚生省の「売春白書」によると、この当時、全国に公娼が約50万人いたことが分かります。冷害などによる不漁で、食うや食わずの家族が続出した北海道では、やむを得ずの人身売買があふれ、その数は全国で1万5000

人を上回ったとか。そのため人身売買事件対策要綱が救済策として、定められたりしていた。

　防止法には「何人も、売春をし、又はその相手方となつてはならない」と書かれ、違法な行為であることを明確にしている一方、違反しても処罰を伴わない訓示規定止まりになっています。そこには、やむを得ず、売春という職業に就いている女たちへの配慮があるのです。高度経済成長がはじまる頃とはいえ、日本はまだまだ貧しかった。そういうことを市川さんの弟子でもあった青島幸男から、私は聞いています。

　やがて世相は政治の季節へ。安保闘争の際、デモに参加した東大の学生、樺《かんば》美智子さんが警官隊との衝突で亡くなる悲劇は、集団の中で倒れ学生たちに踏み潰されての圧死と聞きました。私は安保法成立の際、国会の傍聴席で人垣となるべく駆り出された。

　箱根にあった児玉誉士夫さんの別宅に、書生として居候したのもこの頃の話。食事がとても質素で、献立はご飯、みそ汁に目刺し、沢庵という毎日。児玉さんからは「君は政治向きじゃないな」と言われました。

　売防法に話を戻すと、その施行によって、風紀の乱れは改善されたのかというと、そう簡単にはいかないのが世の常。表だって本番サービスを売りにするのが駄目となったトルコ風呂では、エアマットが導入されて、泡踊りのはしりのようなものがお目見えし、フィンガーサービス「オスペ」の専門店が出てきて、サービスを受けながら風俗嬢の体を触る「オスペダブル」、さらにシックスナインの体勢になる「逆さダブル」と新手が続々と登場していきます。

映画でも、『ヨーロッパの夜』を東和が1960年に輸入し公開したところ劇場前に長蛇の列ができ、ピンク映画の国産第1号とされる『肉体の市場』(小林悟監督)がその2年後に公開されると、テレビの普及で食い扶持《ぶち》を失ったニュース映画や教育映画の輩が続々と参入していきました。その流れに私も乗った。

ワセコー時代に観た映画『夜の河』で描かれなかった夜の秘め事、男女の情事だけを描くのが、ピンク映画なんじゃないか。もともと夢や希望なんて全く信じない。安定したエリート街道よりむしろ、「あの人の仕事はね」ってこそこそ言われるくらいで丁度いいと思っていたから、後先考えずに飛び込んだ。

NETテレビ(現・テレビ朝日)のADをやっていた頃、アルバイトでピンクの撮影現場に行って、丸裸の女優の姿を目の当たりにしたとき、これだって。性欲に突き動かされるまま、自分の行く先を決めてしまったというのが本当のところだ。

将来設計や世間体より、性欲と向き合うことにしてしまった結果として、今度は、お上による風俗取り締まり、弾圧を目の当たりにすることになる。

それが1964年、東京五輪であった。

日本製コンドームが世界を席巻した夜

1964年（昭和39年）10月、世界中が見たであろう東京五輪開会式のとき、私は国立競技場にいた。風が強く、163段あるバックスタンドを1段ずつ、頂まで上ると、ビュービューと音を立てていた。肩に食い込むカメラ用の三脚を下ろし、滴る汗を腕で拭うと、前日の雨が嘘のように晴れ渡った秋空。そこに世界各国の国旗がはためいていて、遥か眼下では、緑一色の芝生が長方形の絨毯《じゅうたん》のように敷き詰められ、それをレンガ色のトラックが囲み、白線が流れるような縞模様をつけている。

ブラスバンドがマーチを吹き鳴らし、メーンスタンドのロイヤルボックスに天皇陛下のご臨席。万雷の拍手。選手団の入場行進。真っ赤なブレザーに白ズボン、白スカートの日本代表355人が整列して入ってくると、地鳴りのような歓声が沸き上がった。そこへ松明《たいまつ》のようなトーチを手に、聖火ランナーの最終走者、19歳の坂井義則が現れて、競技場て辺の聖火台へと、息ひとつ切らさずに駆け上がっていった。彼が炎を移すと、それは大空に燃え上がり、1万個の風船、8000羽の鳩がその高みに吸い込まれた。

感動の場面として知られていますが、この後上空を鳩がグルリと旋回し、糞《ふん》を落としていった。その凄さといったらない。選手たちが逃げまどい、客席も大わらわ。

日藝の演劇学科を卒業してまだ1年でしたけど、NETテレビでのAD修業を経て、ニュース映画を製作する岩波映画で羽仁《はに》進監督の助監督をしていた関係で、私も映画『東京オリンピック』の製作陣に駆り出された。ニュース映画各社のカメラマンが多数動員されていた。15日間に20競技163種目、実に93の国と地域から5152人もの選手が参加する大会には、映画の取材スタッフだけで何百人もいたと思う。

メガホンは言うまでもなく市川崑《こん》監督です。直接言われたわけじゃないのですが、「メダルより人間を撮れ」との指示を聞きました。自分が助手を務める親分格のカメラマンからです。マラソンのアベベ（エチオピア）、女子砲丸投げのタマラ・プレス（ソ連）の連覇なるかが大会の目玉で、日本勢ではマラソンの円谷《つぶらや》幸吉、柔道に金メダルの期待が集まっていたのですが、それらは二の次、三の次というわけ。その結果、思わぬ場面に遭遇することになりました。

大会がはじまり、何日かして赤坂離宮、今の迎賓館の組織委員会事務局にある映画協会制作部に顔を出すと、カメラを担いだ親分が「渋谷公会堂、行くぞ」と言いました。親分はこの年発売されたワンカップ大関の一合瓶と煙草を持って、しばしば競技会場の裏手で一服。そのとき、代わりにカメラを回すよう言ってくるのです。それで重量挙げ三宅義信やレスリング渡辺長武《おさむ》、柔道の昭和の三四郎こと岡野功の金メダル獲得の瞬間を目の当たりにすることになり、市川監督の指示を聞かされていたこともあって、いわゆるメダル至上主義に陥ることなく、選手の表情や大会全体を俯瞰《ふかん》するように心がけた。

男子砲丸投げ決勝の日。日本勢はゼロとあって、やはり一服で席を外した親分に代わってファインダーを覗いていると、妙なことに気づきました。投てきの前に口元に手をやり、続いてゼッケンを触る選手がいる。それを何度も何度も繰り返す。カラシオフというソ連の選手でした。練習に練習を重ねて臨んだ本番、一発勝負の舞台で最高のパフォーマンスを残そうとすると、奇妙な動作をするようになるのですね。選手本人も気づいていないようなルーティン。柔道で相手との組み手争いに出る際、一瞬、自分の睾丸に手を当てる選手もいた。ここ一番のギリギリのところで勝負する人間の表情、ドラマがあった。カラシオフのアップは市川監督の目に留まり、わずか数秒間ながら映画本編に採用されました。

女子砲丸投げでは、「プレス姉妹」こと、やはりソ連のタマラ・プレスがサポート役の妹イリーナを引き連れて登場し、その表情にズームすると、黒いたわしのような塊が覗いていた。焦点を絞ると、腋毛《わきげ》。イリーナにも、そっくりの腋毛がバーンとついている。砲丸を投げるたびに腋毛も躍動する。汗をまとって黒光りしている。電車の中で女の腋毛を見て、陰毛を思い浮かべた学生時代を思い出しながら、ファインダーを凝視した。

取材エリアで体操女子個人総合の金メダリスト、ベラ・チャスラフスカ（チェコ）の美しさに酔いしれているときだったか、

「とんでもないことになっているらしいぜ」などと、ひそひそ話が耳に入ってきた。彼らが話題にしているのは、世界中からやってきた選手たちの、性のこと。

「夜も五輪」が繰り広げられているというのです。

何でもそうですが、マスコミが伝えるのは全体の一部で、ちょっと角度を変えるだけで、違う世界が広がっていく。

話の輪に入って、訊きました。

「見たんですか」

「そりゃそうよ」

噂《うわさ》のレベルでしたけれど、俄然《がぜん》興味が湧いて、競技場から街に出てみることにしました。向かったのは、旧代々木練兵場で、敗戦と共にアメリカ軍に接収された「ワシントンハイツ」という軍の宿泊施設。東京五輪では選手村として使用されていました。

食堂に、日本中の一流シェフが集められ、菜食主義であろうと、どの宗教であろうと、応えられるようにしてあるのは知っていました。たとえばアフリカからやってきた、代表選手ひとり、記者ひとりというペアのために小麦粉で世界最小のパスタと呼ばれるクスクスを用意したりしている、と。

そういえば、千駄ヶ谷まで35円の切符を買って高田馬場駅の改札を通ったとき、国電駅員からこんな声がかかりました。

「それは記念切符ですからね。降りるときに言って、大切に取っておくといいですよ」

五輪は国を挙げての一大イベント。開催国だけにメダル獲得数のみならず、お上は安全や環境整備まで威信をかけていましたが、記念切符までつくっていたとは驚いた。この2年後、来日公演を行ったビートルズが、東京ヒルトンホテルから日本武道館を行き来するリムジンの座席まで一人ひとり指定されていていて仰天したといいますけど、日本式のおもてなし、細やかなサービスは東京五輪で存分に発揮されていたんですね。

この当時の代表選手355人に対しては、五輪後も4年に1度ずつ、今も体力測定が行われているそうです。もちろんご存命の方に限られますが、一流選手の体力の変化を研究しているというのだから、凄い。

さて、選手村です。遠目にも、競技を終えた選手たちがプレッシャーから解き放たれ、思い思いにくつろいでいるのが見えました。

「銀座のクラブが面白いってんで、夜ごとアフリカの選手がぞろぞろ通っているんですって。店の計らいで、全部タダなんだとか」と、隣で、潜入取材についてきたマスコミの仲間が言います。

「なんとも粋な計らいじゃないか」

「粋な計らいといえば、コンドームですよ。日本製のがそこら中に置いてあり、使い放題で、そこら中でやっているらしいです」

「そこら中って?」

「外とか……」

「見たのか?」

「見られますよ。見られるに違いない」

半信半疑でしたけれど、潜入を決行しました。

宵闇にまぎれて、選手村の宿舎の隅っこに近づいていく。警備に見つかると厄介なので、途中から匍匐《ほふく》前進していきました。

「ほら、あのあたり」と仲間が小声で指示したあたりに目を凝らします。なるほど、人の気配がしなくもない。虫の音の中で、人のシルエットがまぐわっているようにも見える。

ただ、闇にまぎれて、分かりにくい。

「違うんじゃないか」

私が言うと、彼はこう言いきりました。

「黒と黒、褐色と黒とか、そういう肌の色をしているからですよ。なんでも日本人と同じって思わないでください」

日本製のコンドームが「薄くて丈夫」と世界を席巻していますが、そのはじまりは、この頃だったのかもしれません。

消えた「サカサクラゲ」が意味するもの

競技場の外に目を転じると、狂騒とは違う光景が広がっていました。

国電の車窓を流れる東京の街は、屋根の瓦が黒々としていた。それが五輪開催後に見ると、つい昨日まであった街並みが破壊されている。ピカピカの国立競技場から大歓声が響くなか、家を取り壊され、転居させられた人たちを思いました。首都高速の完成を急いだ結果、国の重要文化財である日本橋の景観もぶち壊されていた。橋の四隅にある、親柱の銘板に刻まれた「日本橋」「にほんはし」の文字は徳川慶喜《よしのぶ》公の手によるもの。五輪のために東京のシンボルを自分たちで破壊するなんて、どうかしている。五輪のどこにそんな価値があるのか。

メダル至上主義の中継はなんとも戦争に似ていて、日の丸の国旗がはためくところといい、どこかついていけない。

国立競技場に渋谷公会堂、代々木のプール会場など、点在する競技場を行き来していると、「あれ」と首を傾《かし》げることがありました。千駄ヶ谷周辺の「サカサクラゲ」が消失しているのです。

サカサクラゲはひっそりと妖しい看板を掲げていた、いわゆる「連れ込み宿」。温泉マークがクラゲを逆さにしたように見えることからそうした隠語が使われていました。界隈には門構えからして暗く、湿り気があり、どこか世を忍ぶというか、そこはかとない風情が漂い、訳あり男女の逢瀬《おうせ》に打ってつけの、知る人ぞ知る旅館街でありました。それが営業停止状態。五輪開催へ向けての、政府の風紀取り締まりの結果なのでしょう。春先にコンクリートの割れ目や道端で紫色のかわいい花をつけていた菫《すみれ》も除草され、ぺんぺん草も生えていません。

「銀座ハリウッド」という大型キャバレーなどを開き、「キャバレー太郎」と呼ばれた福富太郎さんのところには警視庁が来て、風紀をちゃんとするよう指導したことも明らかになっています。福富さんが「面倒くさいから全店閉めちゃいましょうか」と言ったところ、「そりゃ困る。灯りを少し落としてくれればいいんだ」というようなやり取りがあったと聞きました。

巷では、雑誌「平凡パンチ」が発売され、「サカサクラゲ」向けに「回転ベッド」が開発され、ちらほら導入されていた。ちょうど助監督として、ピンク映画の撮影現場に顔を出し、その淫靡《いんび》な世界に興味を持ちはじめていたこともあって、この1964年の、お上による風俗締めつけを数えてみました。

2月　デートクラブ「白金友の会」摘発

渋谷のトルコ風呂を衆参婦人議員団が視察、トルコ風呂の個室禁止とボウリングの営業時間制限などを申し入れ

5月　風俗営業等取締法改正、公布。トルコ風呂の監視強化を厚生省が発表

6月　公衆衛生法改正によるトルコ風呂規制

7月　トップレス水着の取り締まり

道路整備、下水道の拡充、競技場や交通網の開発と東京の至るところで突貫工事が行われるようになったのは、五輪開催が決まってから。1962年（昭和37年）2月に設置された首都美化審議会は「オリンピック東京大会を迎えるにあたって」と題し、環境整備の必要と都民の意識向上を並べ立てた。「都民への期待」との項目では、以下のような注文が並んだ。

1　吸い殻や紙くずの散らかしをやめる

2　家のまわりは毎日掃く

3　道路や公園などの木や花をだいじにする

4　犬のふんは飼い主が始末する
5　路上に商品や車をおかない

東京五輪開催に至るまでの数年間、日本政府が連発した風俗取り締まりは「キャバレーはネオンを控えろ」「トルコ風呂をなくせ」などと続き、「国電の駅のホームに備え付けのたんツボ撤去」に及んだときは、ほとんどの国民が冷笑していました。それでも、お上は本気も本気。開催前年の63年は五輪を所管する建設省と東京都、区が首都美化推進区を指定し、千代田区、中央区、港区、新宿区、渋谷区、世田谷区を重点区域に選んだ。そこでどんなことをやったのか。

五輪中はこんな声を聞きました。

「銀座で、ずだ袋を小脇にしたみゆき族が一斉にいなくなったらしいぜ」

みゆき族といえば、JUNやVANのシャツやスーツを着たおしゃれな若者たち。みゆき通りあたりにたむろしていたところ、築地警察に追い払われてしまったというのです。

「騒ぐわけでもなく、ただ通りをぶらぶらしているだけでね」と。

そういえば、五輪開会式の朝まで天気がぐずつき、雨による中止も検討されていた。奇跡的に晴れたコバルトブルーの秋空にも、突貫工事でお馴染みとなったスモッグの靄《もや》が広がっていた。小綺麗なのは表だけで、建設ラッシュで東京は四六時中、埃《ほこり》まみれの風が吹き、一歩路地に入れば大きなゴミ箱があり、ドブの臭いが鼻をついていた。

断水は日常茶飯事、でこぼこの土の地面にはところどころに水たまりがあり、泥とゴミ、トタンの家々がポンプ式の井戸をはさんで肩寄せ合うように建っていたのが当時の東京です。お上はそこで暮らす庶民の生活を圧《お》し潰し、道路拡張工事を行い、実に6625戸もの住居に立ち退きを強制していた。熱狂の中で忘れかけていた事実。私は自分の記者章を見つめました。

東京五輪というと、戦後の復興から高度経済成長へと向かう、美しい日本の礎のように語られていますが、実際のところ、風俗への弾圧と庶民生活の破壊が至るところで行われた。下水整備もまだで、断水もしょっちゅうという東京の庶民生活をよくもまあ、ここまでと感心するくらい、メタメタ。

市川監督の『東京オリンピック』は、鉄球がビルを打ち砕く場面からはじまります。まさに破壊こそ五輪のシンボルなのです。

閑話休題② チャンチキチャンチキ、チャンチャンチャン

チャンチキチャンチキ、チャンチャンチャンとお座敷が盛り上がり、酔っ払いの嬌声《きょうせい》が響き渡る宴会の最中、ひとりの芸者が目配せして、立ち上がりました。お銚子《ちょうし》が倒れ、畳に日本酒の匂いのたつ広間を出て、暗い廊下をそそと進み、階段で2階に上がります。そしてすっと、誰もいない部屋に入って、私が続くと、後ろ手で襖を閉める。

伊豆の温泉地の空に浮かんでいる月の光が闇にかすかに滲《にじ》む、ほの暗い部屋で、その女は妖しく微笑むと、柱のところへ行って、くるりと背を向けた。そして着物の裾を腰のあたりまで一気にめくり上げました。満月のような、白く丸いお尻が、目の前に浮かんでいる。着物は、帯を解《ほど》くと、着直すのに時間がかかりますが、もともと下着はつけないし、裾を上げれば、簡単にいたすことができてしまう。もともと裸を連想させるようにできているのです。谷崎潤一郎の小説を原作に、市川崑監督が映画『細雪』を撮ったとき、吉永小百合ら女優陣に歩くときの足指の向きから、細かく演出したというのは、そういう女の裸を見せる着物というものの機能をよく知っていたからでしょう。そういうものだから、男のほうも、その気になるのに時間はかからないのです。

ことを終えて、時間差で宴会場に戻り、何食わぬ顔をして与太話の輪に加わる。こちら

を一瞥もしない女の澄ました横顔を盗み見て、情事を思い出すときの愉悦といったら、ない。今振り返っても、あんな快感は、なかった。大坂夏の陣を描いた屛風絵にも、徳川軍が着物の女を背後から強姦《ごうかん》する様子があります。かねて、哺乳動物のセックスはバックスタイルが主流なのです。温泉での秘め事こそ正しいやり方と言えなくもない。

ところで、なぜ、われわれ人類だけ、年がら年中、発情し、さらに死ぬまでセックスなど、やっているのか。

まず、樹から降りて、直立二足歩行をするようになって、手が自由になった。実はこのとき、男女が面と向き合ってのセックスが可能になったそうです。チンパンジーやゴリラ、オランウータンも対面で交尾することはあるものの、人間ほど徹底してはいないし、正常位というところまではいかない、体位のひとつなのです。

この男女の真正面での対面が、もたらしたものは何か。

正常位は顔を真正面から見合いながら、セックスできる。女は性的シンボルである乳房が膨らみはじめ、口も目も性的信号を送るようになる。そうしないと、男女の区別がつかなかったから、という説はさておき、正常位が変えたものは、女の性感帯でした。尻の部分にしかなかった刺激が前面に移動したことによって、クリトリスが刺激されやすくなり、バックではなかった刺激を感じるようになった。オーガズムを獲得したのです。

以来、人類のセックスは単に性器の接合というのではなく、いわゆる五官、目と耳と鼻と舌と皮膚の5つに肛門と尿道口、膣を含め10もの穴と、体という体の感覚受容器を総動員して満足を追求するようになった。とくに女は挿入して、あっという間に射精で終了という義理のような、味気ない交わりでは満足しない。本能にダイレクトに伝わるような肉体と精神の充足を求めるようになった。性ホルモン、排卵期の影響は残しながらも、機会さえあれば、もっともっととなっていく。女が歓びを求めれば、男はそれに従う。その結末が現状ではないか。

人間ほどオーガズムに執着している動物はいません。女の場合、性器と共に脳によって快感を得ている。時に失神するほどの快感、その深さ長さはどれほどのものか。生まれ変わったら女になってみたいと、思ってしまいます。

第三章
狂乱と泡沫の性

パンティを脱いだ女子大生たち

1980年代の「風俗ギャル」を取材したVTRを見直すと、「青春はお金、人は外見、アルバイト感覚」との見出しが躍り、実にアッケラカンとしていて、明るい。バブル真っ只中とあってか、金さえあればなんとかなるという希望が感じられます。

彼女たちは大概、風俗ギャルになったのは金に困っていたからで、生きていくための食い扶持を得るために、扉を叩いたと語っています。でも風俗への偏見は当時のほうが強く、今以上に覚悟がいったのではないか。「最初にお客さんを取ったときは、不安で、泣いちゃった」などとよく聞いていましたから。同時に、「それさえすんじゃえば、もう結構度胸ついちゃうんですよ」と言っていました。貯めたお金で「母親に美容院をプレゼントしようと思ってます」と言うところといい、将来は玉の輿《こし》に乗って幸せになるというような空手形を信用していた節がある。

だからこそ、割り切って働けたのではないか。

あのバブルにかけて、まさにこの国は「ほとんどビョーキ」でした。ネオン街では夜ごとの乱痴気騒ぎでシャンパンシャワーの泡沫《ほうまつ》が飛び交い、酔っ払ってネクタイを鉢巻きにしたサラリーマンが路上でタクシーを停めようと1万円札をヒラヒラさせていました。「赤坂から六本木まで1万円払った」という証言もある。

歌舞伎町では、ノーパン喫茶のブームが一段落したと思ったら、ピンク映画の常連でもある俳優の螢《ほたる》雪次朗考案による「のぞき部屋」が乱立、デートクラブに個室ヌード、ファッションマッサージ、マントル、台本SMにレンタルレズビアンと目まぐるしく新店が顔を出しては消えていきました。

お客も元気がありました。この当時、『トゥナイト』のリポートで、鼻の下を伸ばした中年スケベ男ご一行様に私は同行取材しています。北陸は山中温泉での「超ユートピアホテルの女体盛り」ツアーです。

彼らがホテルに着くと、夕食前のひとっ風呂からピンク芸者が背中を流してくれ、一杯ひっかけた後、夕食の宴会場へと案内される。そこへ全裸の女体が、お造りが盛られた状態で運ばれてくるのです。割り箸と醬油《しょうゆ》をさした手塩皿を手に女体へと群がる後ろ姿はビョーキもビョーキ、まさしく「バカですねえ」という状況です。マイクを向けて実況した欲望ドキュメンタリーは深夜放送ながら視聴率2ケタを突破しました。

筒見待子主宰の愛人バンク「夕ぐれ族」の斡旋《あっせん》する「愛人」は、週1回のセックスで月のお手当が30万円と伝えられた。本物の女子大生だと手当はもっと上がるという高値ながら、需要は引きも切らない盛況ぶり。

筒見女史が傀儡《かいらい》と分かり、風俗ラッシュに歯止めがかかるかと思いきや、名古屋では5階建てビルの全フロアが風俗店という「ファイブドアーズ」に行列ができ、北海道はススキノで、ビニール越しに女体に触れたり、あそこだけ穴が開いているというファッションマッサージがヒット、ぼったくり被害の相次ぐ歌舞伎町では「穴あき棺桶《かんおけ》SEX」「着せ替えドールの間」「股間モニターサービス」など続々とアイディア風俗が出てきました。

風俗情報誌「ナイタイ」が創刊され、私は歌舞伎町ナイトツアー2万円フルコースを同行リポート。「ナイタイ」などにより持ち上げられて、「USA」のイヴ、「アメリカンクリスタル」のリカ、「キャンディースポット」のハニーと、風俗アイドル「フードル」がメディアでもてはやされ、風俗と芸能界との垣根がなくなっていったあの時代。

「セックスは清く正しくいやらしく」はそんな当時の風俗の標語です。店を出せば1カ月で元が取れ、あとは丸儲《まるもう》けといわれていたのです。歌舞伎町を歩くと、「うちの店を取材してよ」としょっちゅう売り込みがありました。ギラギラしてましたね。

ピンク映画でも、似たような売り込みはありました。女優志望者のアパートに助監督ともども行ったところ、若い女が紹介者のマネージャー氏の合図でパンティ1枚になって、腰をひねりながら、ソファへ。「何かポーズを」とマネージャー氏が注文すると、パンティを脱いで両脚を開いたのです。「ピンクは、ソコは見せないんだ」と助監督が言うと、「ちょっとぉ、話が違うじゃない」と彼女。そこへ「お前ら何してやがんだ」と渡世人風の男が入ってきて、急いで退散というエピソードは挙げていったら切りがない。

歌舞伎町でも、そうしたピンチに遭遇することがあり、カメラマンから手渡された撮影済みのビデオテープを持って、よく路地を走り回ったものです。顔見知りの中華料理屋に厨房《ちゅうぼう》から入って身を隠した。

そうやって潜入や突撃を繰り返した21年間の取材を振り返ると、東京の裏面史が刻み込まれています。

はじまりは1980年の秋――。扉を開けると、異様な光景が広がっていました。椅子からずり落ちる寸前まで腰を沈め、さらに顔を肩に押し付け、極限まで視線を低くした無言の男たち。その熱い視線の向こうに、揃ってミニのウェートレスたちがいる。ノースリーブのシャツにテニスのスコートのような出《い》で立ちでコーヒーを運び、くるりと踵《きびす》を返すと、若いお尻の谷間がちらりと覗いていているのです。

寺尾聰《あきら》の「ルビーの指輪」や松田聖子の「チェリーブラッサム」が街に流れ、受験戦争と校内暴力の嵐が吹き荒れ、猫にツッパリの格好をさせた「なめ猫」キャラクターが流行した80年代、東京は豊島区東長崎の雑居ビル2階でノーパン喫茶「ルルド」は誕生しました。ごく普通のコーヒーが1杯2000円にもかかわらず、鼻の下を伸ばした男たちが長蛇の列をつくり、はじまったばかりの『トゥナイト』のコーナー「真面目な社会学」で、風俗街リポートをしたところ、ノーパン喫茶は大阪・阿倍野の「あべのスキャンダル」ともども大反響を呼び、社会現象となっていきました。瞬く間に、全国に500〜600軒ものノーパン喫茶がお目見えしたのです。女子大生ノーパンや、衣裳《いしよう》がシースルーなど手を替え品を替え、キャバレーからの鞍替《くらが》えもあって、猫も杓子《しやくし》もノーパン、ノーパン。まさに狂乱の80年代、百花繚乱《りようらん》、百鬼夜行の風俗産業の幕開けでした。

普通のスーパーマーケットやファストフードの時給が約600円という時代に、「ルルド」はたしか1500円。すぐ2000〜3000円になり、最盛期には7000円を超え、月収100万円も少なくなかったというのですから、普通じゃない。何が凄いって、女子大生に専門学校生、OLであれ、ごく普通の女の子がお金欲しさに風俗アルバイトをはじめたこと。マイクを向けると、カメラに映るのを嫌がることもなく胸中を語り、暗さや後ろめたさといったものはほとんどありません。

そして、あっという間に過当競争となっていきました。ノーパン嬢のショータイムをはじめた新宿の「アパ」という店は、外人客の観光コースに組み込まれるほどの活況ぶりで、ナンバーワンの人気娘が「ノーパン界の聖子ちゃん」と呼ばれてマスコミを賑わす。かたや、客の集まらない店は潰れるしかなく、床から風を送ってスカートがめくれる仕掛けを用意したり、透明なアクリル板の天井の上に嬢を座らせ、下から覗き見るようにしたり。ええい面倒だとおっぱいも露出、首にリボンをつけ、下半身は前と後ろを小さな布で覆い、それをヒモでつないだだけというように、エスカレートしていきます。

気が付けば、トップレスに尻丸出しは当たり前、あそこを隠していた前張りも小さくなって、挙句がスジ張りといって、ヘアを剃《そ》って、割れ目に絆創膏《ばんそうこう》を貼っただけのスタイルの登場です。パンティのオークションをやったり、バストタッチありにしたり、女の子どうしの野球拳、泥レスにレズ相撲、トップレスの女ボクシングを見ながら食べ放題のオードブル付きという店もありました。

パンティを脱いだ彼女たちの羞恥心が、どんどん消えていくのが分かりました。

もっとも、膨らませすぎた風船が、空中でパンと弾けるように、結局このブームは1年も続きません。「冷房でワレメちゃんが風邪をひいた」という都市伝説を聞いてずっこけたのはさておき、「ルルド」は2号店を出すもすぐに閉店、築地署が銀座の店を摘発すると、時代のあだ花として、街に根付くことなく散っていったのです。

ではパンティを脱ぎ捨て、最盛期に約1万人もいたノーパン娘たちはまたパンティをはいて、日常に戻っていったのか。とんでもない。彼女たちこそ、風俗バカ騒ぎの幕を切った先駆者なのです。

援交少女たちのDNA

社会現象を巻き起こしながら、たったの1年で泡と消えていったノーパン喫茶でしたが、松田聖子の「風立ちぬ」が街に流れ、映画『白日夢』の愛染恭子がワイセツ容疑で当局に事情聴取された1981年の秋、ノーパンブームを引き継ぐように新たな風俗店が続々とお目見えしました。

その筆頭が、渋谷は並木橋の倉庫で誕生した「のぞき部屋シアター4・5」です。4・5とは四畳半のことで、ひとり暮らしの女の子の部屋を模した円形ステージをぐるりと囲んだ個室の覗き穴から、その秘めた私生活を覗こうという趣向でした。役者で演出家の螢雪次朗が発案し、オープンしたところ、20分1800円のステージ見たさに巷の男たちが殺到、行列のできる人気店となり、のぞき乱立の様相を呈していきます。そうして御多分に漏れず、またぞろ当局からイチャモンがつく。「劇場という名の付く以上、消防法上、非常口がなくてはならぬ」というのです。

「のぞき部屋」で働いていたのも、女子大生や専門学校生、OLといった、ごく普通の10代後半から20代の若い女たちでした。「知り合いに見られたら恥ずかしい」と言いつつ、そのほとんどが月30万円にもなるギャラにひかれて、素肌をさらしていたのです。最盛期に1万人いたノーパン嬢から流れてきた子も少なくなかったと思います。

裸は金になる。ちょっと脱いで見せたところで減るものじゃないし、最も稼げる若いうちにやってしまおうというような、ノリがあった。

ビニ本のモデルは1日で5万円になっていました。撮影は約8時間に及んだものの、新宿のシティホテルでカメラマンの指示通りにポーズをしていれば、取っ払いといって、その場で現金がもらえる。ヘアの露出が禁じられていた時代だけに、下着を脱ぐ必要もない。

エロ本の撮影には新宿ワシントンホテルがよく使われていました。そこには必ずハサミが置いてあった。モデルのヘアが写真に写らないよう、処理するためです。シャッターが切られるたびに、うつむいて恥ずかしそうにしていたモデルの体が反応し、白い肌がピンクがかり、うっすらと汗が光っていく。のせられればのせられるだけ、大胆になっていく現場を何度も目の当たりにしました。どれもこれも、素人女性が風俗に入っていった先駆けと言えます。

マンショントルコを取材すべく、JR大久保駅に行ったときはこんなことがありました。駅前の公衆電話から店にかけると、そこで初めて道案内され、マンションの一室の受付へ。入会金5000円を支払って会員になり、ずらりと並ぶ壁の写真から好みの風俗ギャルを選んで、渡されたカギを持って別室に行って……という流れで。

「当店のサービスはダブルスペシャルまでですから、絶対に本番行為を求めないでください」と張り紙をする店長は、コンパニオンの女性たちにこう指導していた。

「本番はさせなくても、キスだけはさせろ」と。吉原や、昔の女郎さんは下の唇は許しても上は許さないのが矜持《きょうじ》でした。それとは正反対なのです。

ギャラ1日5万円、月150万円という18歳と23歳のコンパニオンは、入店した理由をこう答えています。

「だってぇ、お金欲しいし、必要なんだもん」

「じゃあ、月にどのくらいあったらいいと思うの？」

「う〜ん、やっぱ200万円くらい」

1日10万円稼ぐ店ナンバーワンの専門学校生、18歳のキャンティちゃんは聖子ちゃんカットの髪を触りながら、言いました。

「私たちはトルコのようなサービスはできないから、キスくらいしなきゃって思うんです」

遊び半分であれ面白半分であれ、結局はお金。この時点で私は「割り切り」という言葉を耳にしています。現在も援助交際と並び、売春の隠語として使われていますが、この取材から30年以上が経ち、当時の彼女たちが母親になって、年頃の娘がいたとしても全く不思議じゃない。親の背を見て子は育つといいますが、どんな母親になり、どんな娘がいるのか、気になるところです。

それからも出会い喫茶、お見合いパブ、テレクラと続き、今も歓楽街にある風俗はどれも80年代にはじまったものです。それまで、アメリカで流行ったものが入ってきて、話題になって、という流れだったのが、日本のオリジナル、メイドインジャパンが増えていった。その最大の特徴は「本番ナシ」という世界でも例を見ないものでした。

ファッションヘルスはファッションマッサージにシャワーをつけたものですし、マジックミラー越しのテレフォンセックス、個室ヌード、ノーパンなど全フロアが風俗という性のデパートが誕生したのも、ちらし寿司やミックス定食が好まれる日本ならではと言えます。1階でノーパンを見て、気に入った風俗ギャルを指名して2階でヘルスプレイ、3階で覗いて、4階でショーを見て、5階に上ると、指先で刺激してもらうラッキーホールがあるのですから、店にしてみたら客引きの手間は省けるし、何度も金を払ってもらえる。客にしても、1カ所でいろいろ楽しめるのですから、悪くないってことになる。

この頃はバター犬をレンタルするとか、ホモのピンサロだとか、セックス予備校だとか、珍アイディアが続々で、ネタに事欠くということがありません。歌舞伎町を巡る2万円フルコースツアーに同行したこともあります。

まあ出てきては消えるの連続が風俗の宿命です。性の解放というところまではいかず、当たれば1カ月で元が取れるとされたセックス商売だけが先行し乱立というのが本当のところでしたが。

シロウトとクロウトの境界線

「私たち、兄妹です。1年前から関係をもち、ここは6回目。両親の目を盗んで来ては、愛し合っています」

私がそんな文面を読み上げても、大反響というほど世間は反応しなくなっていました。『トゥナイト』で、素人告白ブームをリポートした1980年代の日本の世相。結婚式場にゴンドラが登場したこの頃、ラブホテルも大型化、アトラクション化し、金一色の「キング&アイ」、カラオケのある「セクシーナイト」、和室の「大奥」といった名前が部屋につき、空の中という設定で豆電球がきらめく「ふたりの気球」という奇抜な部屋が次々と誕生していました。女性主導、さらに素人が主役になっていると気づき、ヒットした企画のひとつが、ラブホテル突撃インタビューです。そのスタート時のこと。駒込の「アルパ」というラブホテルにしけ込んでいる男女の部屋にお邪魔し、「自慢の彼女をポラロイド撮影してください」と頼んでみたのです。すると革靴にネクタイのビジネスマンは別として、ほとんどの客が「撮りました」って、預けたポラロイドカメラと撮った写真を持ってきてくれたんです。情事中の突撃取材にも気軽に応じ、恋人や愛人との秘め事をも公開する男が少なくなく、それを楽しんで受け入れる女たちが同じくらいいたんですね。

ポラロイド写真には、バスタオルにくるまって微笑むセミヌードから、行為中の表情、胸や脚といった部位のアップが写っていました。どれも生々しく、そんじょそこらのエロ本より質の良い写真ばかり。それで視聴率が跳ね上がっていって。

「カントク、ビデオで撮ってもらいましょうよ」と気を良くしたディレクターが言いました。それで今度は「ビデオカメラでセルフAVを撮ってみてください」と、部屋のドアを開けてくれた男の客に、カメラを渡して頼んで回った。これも、多くのカップルが受け入れてくれました。

別の部屋で待機していると、「できましたあ」と、ビデオを返しに来るのです。テープを回してみて、驚きましたね。短編の、映画とまではいかなくても、自分でナレーションをつけ、ドキュメンタリー風にリポートしたり、アイドルのイメージビデオのように、彼女のシャワーシーンや髪をかき上げる仕草などを収めてあるのですから。

これまた上々の反響で、

「カントク」と、件《くだん》のディレクターは鼻息を荒くして言いました。

「こうなったら、カントクも部屋に入っちゃったらどうですか」

「まさか、そこまでは」と躊躇《ちゅうちょ》しつつ、ホテルのオーナーに頼んで、入口の壁に募集広告を貼ってもらったところ、「応じてくれた方は部屋代ナシにします」との但し書きが良かったのか、何十組ものカップルが応募してきて、なんと選考することに。親公認の関係で結婚を約束しているといった男女のみならず、世を忍ぶ不倫カップルやら、秘密クラブでのセックスを見てくれというマニアまでいました。こちらも、男がスーツに革靴の場合だけは、取材を遠慮しましたけれども。

部屋にカメラ片手に突撃してみて、面白かったのが、ベッドの下、絨毯の上です。服の脱ぎ方、散らかり方に、その男女の関係が滲み出るんです。

このリポートも当然のように受け、取材の最後には、必ず布団をバッとはぎとるサプライズをやることにしました。手をつないでいたり、足を絡ませていたり、男が指であそこを触っていたりと、それぞれ個性があって面白かった。

裸の胸を隠す女に、女を守ろうと、あたふたする男。若々しい悲鳴が部屋に響き渡りました。「シロウト」と「クロウト」の境界線がこの頃から曖昧になっていったと思います。

乱れる団地妻たちの「貞操帯」

「団地が、乱れている感じ」と、コメンテーターの美保純は言っていた。それが印象的でした。言い得て妙だと、思ったのです。貞操帯が通販で大人気となり、ひとつ4万円と高額ながら、１２００個も売れているとリポートしたときのことです。

穴あき棺桶ＳＥＸに貞操帯サービス、股間モニターサービスと、新しく珍しい風俗が生まれ、住宅街では家庭内暴力が社会問題になった頃。貞操帯とは、Ｔ字形にした鉄板を女の下半身につける、相撲のまわしのような性具「アイアンパンティ」でありました。

美保純は貞操について「身持ちがいいこと」と解釈したのですが、実際に商品を買って、身につけているのはどんな人々で、用途は何なのか。新幹線に乗って大阪の製作者、元高校教師の中年男を訪ねました。ＶＴＲにはこんな会話が残っています。

「量産するうえで大変だったのが、サイズ。女の人ひとりずつ、あそこの場所も形も凄く違うんです」

「簡単に言うとおへその下、おしっこの出るところまでの長さ、さらにアナルちゃんまでってことですね」

「ええ、ですからトルコ（現・ソープランド）だけでは飽き足らず、実際にマニラへ出向いては拝み倒して採寸させてもらいました。延べ１４０人ちょっと。『アンタ変態かい』って言われたこともあります」

「で、平均するとどのくらいでした？」

「本当にひとりずつ違うんですけど、おへそから膣の中心まで、25センチ前後という女性が多かったですね」

「おしっこの穴から、お尻の穴までは？」

「3センチから4センチちょっとというところでした。膣の中心からは約3センチ」

そうしたデータがなぜ必要だったかというと、しゃがんで用を足すとき、尿道のところに穴があたるようにしなければならないのです。その空きが膣までいってしまえば無意味ですし、左右にずらしてセックスできるのであれば駄目ですからね。

そうやって研究に研究を重ね2年半、教師を辞めたときの退職金に加えて借金をして、製作費680万円でようやく完成させた「人生の夢」が貞操帯なのでした。

これが大当たりしたのです。SMプレイのグッズではなく、家庭の主婦がつけていた。購買者の手紙を読むと、こんなことが書いてありました。

「嫁さんの浮気防止のためにもつけさせたし。貞淑な妻であってほしいと願う夫より」

「一度貞操帯をして主人をいじめてやりたかった。夫に悔し涙を流させてやる」……。

買って以来、2カ月近く貞操帯を装着しているという名古屋のサラリーマンの妻、35歳に電話すると、こう仰《おつしや》いました。

「いろいろ物騒な世の中ですし、主人は出張が多いものですから」

「奥さんの大切なところも戸締まりできるからご主人も安心ですね」

「いやいや」

「たとえばご主人が帰ってきて、貞操帯のカギを外すときというのは、いいものじゃないんですか」

「そういうアレはありますね」

「やっぱりご主人、歓びますか。夜の生活が充実して」

「ふふふふ」

「実に愛し合ってる良い夫婦じゃないですか！」

実際に貞操帯をモデルの女性に装着してもらい、心斎橋の通りを歩いてもらったところ、全く違和感なく歩けました。金づちで股間をこんこん叩くと、買い物袋を提げたおばあちゃんが目を丸くしていましたね。

何でも、貞操帯のルーツは十字軍だそうです。長期出張中に浮気をしないよう、あそこにカギをかけておく。浮気防止というだけじゃなく、妻は夫の出張中も貞操を守り、夫は帰ったとき、ガチャリとカギを外した後に交える一戦が燃えるからだっていう説も聞きました。日本では当時、ゴルフコンペやらボウリング大会の景品としても使われたようです。

スワッピング実況中継のビョーキ度

「夫婦和合の秘訣はこの世界を知ることだと、つくづく感じております」

投稿はがきを読むと、どれもこれも熱い思いが書かれていて、「とてもシャレとは思えませんね」と感想を言ったのを覚えています。

好きものたちのプレイのひとつ、スワッピング（夫婦交換）が密かなブームと聞いて、専門誌「オレンジピープル」編集部へと訪れたことがあるのです。

編集部には、妻を交換したい、スワッピングパーティを開きたいという願望を綴ったはがきや手紙が月に1000通以上。そのほとんどに、自宅和室の箪笥《たんす》前などで、あられもない格好をした妻の写真が添えられていました。80年代はそうしたプレイをする愛好家が日本に推定で3万～5万人いるとされ、専門誌が5～6誌あったのです。

スワッピングはもともと、アメリカから入ってきたもので、マンネリ防止、妻自慢、他の男と寝る妻の姿を見て興奮を高めるといった目的があるとされますが、実際はどうなのでしょう。編集長はこう答えました。

「医者とか、弁護士とか、ハイクラスの人たちが楽しんでいたのが、最近はごく普通の庶民にまで浸透し、年齢も40歳以上の大人から広がり、20〜30代の方々が増えてきています」

私たちはその足で東名の横浜インターからほど近い、スワッピング専用ラブホテルへと向かい、実際にプレイを行うスワッパー、2組のカップルに会いました。

部屋はベッドルームがふたつあり、その真ん中に浴室という造り。ベッドの上で瓶ビールをコップに注いで、まずは自己紹介。

こなた、30歳サラリーマンと28歳妻の夫婦。かたや、人妻が年下の独身男を連れて参加していた。どちらも、興味を持ったきっかけを訊くと、女性週刊誌でした。

「主人が夜ごと寝床で『他の男に抱かれてみないか、やってみろよ』などと耳元で囁くものですから。そういう話をしながらですと、すごく燃えたんですね。それから3カ月ほど経って、決心したといいますか……。主人ですか？　今頃自宅でテレビを観ていると思います」

独身男を連れた主婦によると、2組は同好誌やパーティで知り合い、いずれも女が主導で、相手を替えつつ、何度もプレイしているそうで。

夫婦参加の妻が言います。

「お酒を飲みながら、自己紹介して、打ち解けたところで相手を替えて、お風呂に入ったりしながら、プレイになっていく。そんな感じですかね」

それで「いつも通りにどうぞ」と促すと、唇を吸いはじめた。スタジオでVTRを見ていたコメンテーターの美保純が「まいったね」と照れていた。ピンク映画でヌードで絡みを演じている女優を、素人がエロスで上回ったことを奇《く》しくも世間に知らしめた瞬間となりました。

ホテルに目を戻すと、先ほどの男女４人は全裸になって、バスタブでいちゃいちゃ。乳首を触り、過激な経験などを語っております。

そしてベッドへ。夫婦参加の夫と共に別室を覗いたところ、妻はあそこを愛撫されて身悶えしているところ。普通の男なら、仰天の場面でしょうけど、この夫は鼻息荒く興奮していました。正味5時間ものプレイ。今思うと、なんだかんだ言って平和、ピースでした。今なら、もし取材できたとしても、テレビ局が自主規制し、とてもお茶の間には流れないでしょう。こっちのビョーキ化が気になります。

大人のおもちゃとパートの主婦

ノーパンにのぞき、本番なしのヘルス、回転ベッドにビニ本と、風俗アダルト史をひもとくと、メイドインジャパンがいくつもある。

80年代に流行したテレフォンセックスを見ても、電話口で男に卑猥《ひわい》な言葉を囁き、イメージを膨らませていたのがパートタイムのごく普通の主婦で、木造アパートの一室でやっていて、「ほら、大きな口を開けな！　有難く飲むんだよ」とSM女王役が言って、魔法瓶の水を洗面器に注ぐジャバジャバという音を聞かせていたり、裏舞台を覗くと実に庶民的で、この国の知性がいっぱい詰まっているんです。好色なる民族といいますか。

ネオン街や街道脇でひっそりと、妖しい看板を掲げる「大人のおもちゃ」などは、まさに代表格。その製造ルートを追いかけたことがあります。

銀座は三原橋地下街にあった「ラブショップ　アラジン」という店が起点でした。「NEW　熊ん子」に「エロ蔵さん」「ミス　まんぼう」「象使い」「音無子　りす」などと、当時は電動こけしといったバイブのネーミングからして秀逸で、それが隠れた家庭用品とばかりに人気というので、裏側にカメラを向けてみました。店のオーナーが、ピンク映画の小道具でお世話になっていた人で、売れ筋をと訊いてみたところ、薄造りがおいしいあの河《ふ》豚の形をまねたグッズが目に入ってきた。河豚の目や背中のデザインまで実に精巧にできていて、河豚の口のところにナニを突っ込み、血圧を測るときと同じポンプを使って、自分で良い感じに締め付けるようになっていました。これがなんと、純国産。オーナーを拝み倒して、その問屋のひとつを教わり、専門の町工場を聞き出した。

そして中野ブロードウェイの地下の奥の奥へ。その問屋は入口に雑誌や段ボールが積み上げられた、雑然とした雰囲気でしたけれど、空気で膨らますダッチワイフは寝かせると、ちゃんと目をつぶるんです。単身赴任や独身の男たちが買い求め、夜ごと慰めているというから膝を打ちましたね。

そこのリーゼント社長がヒット商品として挙げたのも、河豚のオナマシーン「ミス　まんぼう」でした。試しに指を入れるときちんと振動が伝わってくる技術、その精巧さに目を見張りました。そして大人のおもちゃ業界に従事している労働者が日本に1万2000人から1万5000人いて、小売店だけで20社くらいあることを知り、工場のひとつを紹介してもらいました。

そこは多摩市の、よみうりランド近く、世田谷通りに面した木造アパートでした。台所に金色の大きなヤカンがある、質素な部屋に「ミス　まんぼう」の製作所はありました。

引き戸を開けると、白髪交じりの中年男性と、普通の商店街にいるような中年女性が3人、食卓の上で絵筆を握ったりしている。毎日30個くらい、全て手づくりだったのです。「こういう商品は一から苦労して、なんでも自分の手を使ってつくっていかなければならない。機械化も大量生産もできないんです」と社長さんは仰いました。女性は全て親類縁者や友達関係、まさに家内工業で、女性たちに「男っていうのは馬鹿でかわいいもんですね」と言うと、カメラを避けながらもオホホと笑ってくれました。なんだか素敵でしたね。

時は流れ、現在のアダルトグッズは中国製が多いそうです。ニッポン頑張れ。

歌舞伎町のネオンと世情

ネオン街が活気づいた1980年代、またしても、お上による風俗締め付けが行われました。戦後すぐ進駐軍向け公娼制度をつくり、国主導で売春を斡旋していたのが、57年（昭和32年）には売春防止法を施行、64年（昭和39年）の東京五輪開催での弾圧に続き、85年（昭和60年）に施行された新風営法による性風俗取り締まりをここに再現します。この国が何十年かの周期で、大掛かりな風俗潰しを繰り返している具体例です。

新風営法により、風俗店の営業時間は午前0時までとなりました。施行となる2月13日、日付の変わり目を取材しようと前日夕方からマスコミが歌舞伎町に集まりはじめ、看板が片づけられネオンが消える瞬間はやじ馬が殺到しそれを取り囲むように警察官が動員され、とても異様な光景が広がっていました。

そうした現場を回ったところ、テレビカメラのライトに照らされたまばゆい通りがある一方で、真っ暗な、ガランとした通りがいくつもありました。

売春防止法の施行された昭和32年の夜、新宿2丁目の赤線地帯では、至るところで、店の女性と馴染みの客との別れの場面が見られたそうです。

「いろいろあったけど、楽しかった。元気で」などと言いながら、酒を酌み交わす姿は、とても風情があり、しみじみした雰囲気が漂っていたと。ところが新風営法のときはマスコミがバカ騒ぎするばかり。それを横目に喜んでいるやじ馬がやたらと目につき、がっかりでした。「風俗はバイト、お金のため」と割り切る風俗嬢と、その肉体を値踏みする客では情緒も何もあったもんじゃないのかもしれません。

「これで、街がちょっとは綺麗になる」「ボッタクリがなくなればいい」という男性客の声も少なくありませんでした。

では、その結果、歌舞伎町のネオン街はどうなっていったのか。

ノーパン喫茶は完全に姿を消しました。ファッションマッサージ、のぞき、ソープランドは生き残った。デートクラブなどは地下に潜り、ポン引きが跋扈《ばっこ》するようになりました。裏情報で客をつり、ホテトルなどに斡旋する動きが出てきた。

そして新宿のホテルでデート嬢が殺害される事件が世を賑わせます。午前0時まで、という営業時間を建前として守り、しれっと深夜営業を続ける店も多かった。

「優良店」と称する風俗店が相次ぎ、ボッタクリなしの明朗会計、安心安全、お客様本位のサービスを売りにしはじめた。風営法に定められた条項を全て守り、当局に「届け出済み」というシールを入口ドアなどに貼り、優良店の証拠と、印籠のように掲げてあるのですけれども、そこにもカラクリがあり、届けを出しただけで、当局に許可されたわけではないのでありました。安心安全だと、当局によって太鼓判が押されているわけでもない。一見《いちげん》の客からはふんだくれるだけふんだくろうという狙いはそのまま、働く女も、たとえアルバイトでも、笑顔で客の品定めをするようになっていった。

江戸時代に徳川家が吉原遊郭をつくったように、世の中には必要悪というものがある。いい悪いは別として、それなりに機能しているものは機能させておいたらいい。それはいかんと一掃したところで、法の網の目を潜り、新種が登場してくるのが世の常です。お上はなぜ、規制を繰り返すのでしょうか。

時は流れまして2004年、石原慎太郎都知事（当時）の旗振りで行われた「歌舞伎町浄化作戦」。私は石原都知事の腹の奥を覗き込む機会を得ました。

「慎太郎がお前に会いたいって言ってるぞ」

石原さんが運輸大臣に就任した1987年、就任を記念した式典に、私を招いているというのでした。師匠の立川談志からそう言われたとき、理由が分からず訊いたんですけど、

「さあな。分からねえが、とりあえず行ってみたらいいじゃねえか。俺も行くしよ」と取り付く島もない。

私にとって、談志は落語の師匠でした。談志創設の落語教室「家元制度立川流」の「Bコース（著名人コース）」に入って芸を磨き、立川談遊という高座名をもらいました。弟子である以上、師匠を問い詰めるわけにもいかないし、本当にそれ以上知らないようでした。

そうして向かった都内ホテルの大宴会場。出席者は永田町や霞が関の住民たちばかりで、師匠について入っていくと、周りが不思議そうな顔をしていました。

石原さんは舞台上で挨拶している。政治家としても、脂の乗ってきたのが分かる。18

0センチ超の身長以上に大きく見え、感心していると、私たちを見つけ、こっそり視線を送ってきました。立食パーティの会場をゆっくりと回りながら、時間を潰している私に、会場の片隅で手招きしているのです。

分厚いカーテンに隠れ、顔を突き合わせると、「いや忙しいところ申し訳ない」と頭を下げて、握手。

「あんたにどうしても訊きたいことがあってね。昔、歌舞伎町に棺桶みたいな箱に女と一緒に入る店があったろう」

一瞬何を話しているか分かりませんでしたけど、風俗のことを言っているのが分かると、ぴんときた。

「ええ、ありましたよ。『占いの館』というやつですね」

「そうだそうだ、そういう店だった」

やっと思い出して、胸のつかえが取れたように笑う。

取材したときのエピソードを語ると嬉しそうに頷いた。

——ははぁ、これは経験があるな。

石原さんの小説『太陽の季節』に障子を勃起したペニスで突き破る場面があるのを思い

出しました。日大の応援団だった頃、合宿先で、先輩に命じられ、実際にそれを試みたこともあった。どんなに硬く勃起していても、突き破るのは難しい。指先に唾をつけて、それで障子を湿らせておくのが、コツ。分からないように、ちょっと穴を開けておく。

そうした思い出話をしようとした矢先、秘書官とみられる男が呼びに来て、時間切れ。「では失敬」と言い、足早に去っていきました。

歌舞伎町の浄化作戦に取り組んだ際、風俗店の一掃を狙うと報じられていましたけど、私の印象はちょっと違う。

――大っぴらにやるな。

目立たないように、裏でこっそりやれってことではなかったか。元来、風俗とはそういうもの。現に目の前で機能していて、それを必要とする向きがいるのだから、それを認めないまでも、受け入れるしかないのではないか。表向きと真意、言わずもがなのところ。そうしたところが、この国から消えていきます。

人生もそうですけど、時代というのは、節目があり、流れの中にいるときは分からなくても、振り返ってみると、ああ、転換期だったのかと気が付き腑《ふ》に落ちる。

「この国はいったいどうなっちまったんだ」と吉原の煙草屋の親父は言いました。

その日は、日本中の街から音が消えたようでした。

1989年1月7日の午前6時33分、昭和天皇の崩御が宮内庁より国民に告げられました。NHKのアナウンサーが喪服で「宝算（享年）87でありました」と伝えると、それに呼応するように民放各局もなぞり、追悼番組を流し、静かなクラシックと回顧映像を繰り返しました。

私は『トゥナイト』のコーナー「中年・晋也の真面目な社会学」のいつもの撮影隊と共に街のリポートへ。いつものワゴン車で皇居周辺を回り、銀座は中央通りに入った夕方、スタッフと共に、普段とまるで違う光景に息をのみました。ありとあらゆるネオンがその灯を消し、高級クラブ街でもある並木通りも、静寂に包まれていたのです。宮内庁からお達しが出た可能性もなくはないけれど、クラブママたちが自粛したのだろうことが推察されました。

風俗店はどうか。吉原へと車のハンドルを回し、吉原大門を通り、ソープランドがひしめく通りに入る。

「こんな光景は見たことない」と、誰彼となくつぶやきました。きらびやかなネオンを灯す店はただの1軒もなく、店頭で威勢よく手を打ち鳴らす客引きの姿もない。風俗店や住民たちにマイクを向けると、口を揃えて、「吉原がこのようになるのはいつ以来か、記憶にありませんねえ」。

徳川家が400年前に廓街を当地につくって以来、初めて、ということなのでしょうか。煙草屋の親父が「この国はいったいどうなっちまったんだ」と言ったのは、このとき。続けて「ここでは大正天皇の崩御のときだって、堂々と営業していたもんだぜ」と続けました。今最も残すべきは、このコメントだと思います。庶民の、大衆の、てやんでえというパワー、地力。当時も、オンエアすべきだと主張したのですが、放送は見送られてしまいました。生の、本当のコメント、場面はお茶の間には届かなかったりするのです。

そして小渕《おぶち》恵三官房長官（当時）が新元号を発表して平成の世が静寂の中ではじまりました。闇に包まれる東京、この国はどうなっていくのか、日本中が考え、目を閉じているような雰囲気がありました。

最後に向かったのが歌舞伎町。その道すがら、車窓の向こうの暗闇を見つめると、私の脳裏に学生時代の風景が広がっていきました。

1959年（昭和34年）10月、母校日大の創立70周年記念式典が両国の日大講堂であり、昭和天皇と香淳皇后のご臨席に際し、応援団団長だった私は護衛役のひとりに選ばれたのです。

「賞罰はないな?」

「はい。賞もなければ罰もありません」

大学に呼ばれ、職員の質問に答えていたとき、「もしものときは、身をもって盾になれ」と言われました。陛下が戦後初めて両国橋を渡ると新聞が報じたこともあり、当日は黒山の人だかりができていました。

ホール入口までの十数メートル、陛下の斜め後ろに従うとき、黒子《ほくろ》がいくつもある陛下の耳の後ろが印象的でした。空の高い秋の午後。恩賜で菊のご紋入りの煙草をもらったのですけど、これがまずいのなんの。

スタッフから声がかかり、記憶の景色が夜の歌舞伎町へと戻りました。車が新宿通りから歌舞伎町に入る。と、誰からともなく「オォ」と声があがりました。いつものネオンがギラギラと光り、目を開けていられないほどだったのです。

飛んで火にいる夏の虫のごとく、男たちがネオンに引き寄せられ、通りにあふれかえっていました。

閑話休題③　女は男にとって味方なのか敵なのか

人間に近いチンパンジーの牝を見ても、セックスは牝が月経周期の中頃、排卵期に腫れた尻を突き出して、ほんの数日間、牡を受け入れるだけ。非排卵期も、すぼんだ尻で受け入れることもあるようですが、牡は牝が尻を突き出さなければ、すごすごと大人しくひきさがる。人間のように力ずくで犯したりしない。体位も、牝の腰をつかんで10回ほど腰をスライドさせる後背位、交尾時間は平均8秒程度です。

われわれ人類の祖先はいつでも性行為できるようになったことによって、大きく変わりました。それまで一旦狩りに出たら何日間も家を空けていた男が女とのセックスを求めて巣に帰るようになる。女が求め歓ぶため、男は頑張った。いや、女に捨てられないために、不在の間に別の男を受け入れたりしないように、頻繁に帰らざるを得なかったのでしょう。それが家族の原型です。長い時間を共にし、生涯を添い遂げたいという願望が生まれ、愛の名のもとに果てしない努力を課せられる。しかし本当に満たされる瞬間というのは、そういつもあるわけじゃない。

男と女の間には暗くて深い河が流れているからです。

女の求める男の強さや逞しさは、どちらかというと肉体的な意味合いが強いらしい。もっというと、男よりも本能的な欲求を司る大脳辺縁系の情動が強いのです。辺縁系からくる、食う寝るヤるという生理的欲求、安全や所属の欲求が男よりも格段に強く、男ほど承認願望や自己実現の欲求にかられはしない。まず何より第一に生理的欲求と安全の確保なのです。そのため、極論すれば男が、どれほど尊敬されるべき偉人であっても、金銭的な満足がなければ、女は無能の烙印《らくいん》を押しかねない。また、豪邸に住み、どれだけ金銭的な満足を与えられても、社会的に大成功をおさめた夫がいても、彼が勃《た》たなければ、性的オーガズムを与えられなければ、不満がくすぶり続ける。

男はそうした満足感が得られない代わりに、崇高な理想や理念、名声という精神の世界、砂上の楼閣に命をかけたりする、だからこそ頼りなく、もろい。セックスも、男には一瞬の単純型オーガズムがあるだけです。男のオーガズムは類人猿と大差ないらしい。一瞬の花火です。

年がら年中、セックスにかまけているのは、発情期がないからです。そういうサイクルは残ってはいても、性ホルモンに左右されないだけ、大脳が大きくなった。性器や皮膚感覚のみならず、脳による快感を求めているから、飽くことがない。かくして、男女一緒くたに女のオーガズムを追いかけていく。性欲が病になった所以《ゆえん》である。

女たちは、強みを捨てない。あらゆる場面に進出し、男の領域を侵犯し男性化しながらも、種の保存は専売特許ですから、最初から負けないことが分かったうえで攻め続けています。かつて育児を押し付けられ、家事でこき使われたことへの反動か、酒やギャンブル、浮気や不倫にも手を出して、悪びれることがない。男たちよりも弱く、庇護されるべき存在であることを誇張し続けているようにも見える。

それでいて男の領域征服に余念がない。もともと男は母親の胎内にいるときから、母親の影響下にある。母親という異性に育てられ、そこと衝突し自分の中の女性的要素から脱却し踏み越える、乳離れによって大人の男になるところ、今日的な母親はこれを許そうとしない。いつまでも支配下に置こうとしている。少子化の現在は、全てのエネルギーを子どもに集中させ、支配下に置き、それを通して自己実現しようとする。大家族制度の頃のような、子どもに目の届かない、つまり脱却の機会も少なくなり、男の子は鎖に縛られ続ける。現代の若い男を駄目にしているのは母親という女であり、男にとって女は愛すべき存在であるというより、本当は敵なのかもしれない。

第四章　変革と混沌の性

熱海芸者の秘技

「ほら、早く脱いで、横になんなよ」

少しぶっきら棒な言葉に従うと、芸者は着物の裾をまくり上げて私の上に跨《また》がり、腰を前後に動かしはじめました。東京五輪の後、ピンク映画での初監督が決まり撮影に入る際、「ベッドシーンなんて撮れませんよ」と言うと、プロデューサーが1万円札を2枚、ポケットの財布から取り出して言ったのです。

「すぐに熱海へ行って遊んでこい」

当時25歳の私にとって、セックスは未知の世界で、女はむしろ苦手でした。女性経験はひとり。日大卒業前の3月、相手は国立東京第二病院（現・東京医療センター）の女医。雨戸を閉め切って2日間、何度も相手をさせられ、最後はビタミン剤を尻に打たれました。まあ要するに、おもちゃにされたんですね。

初《しょ》っ端《ぱな》から極端な経験でしたけれど、インターネットもなければ性表現はタブーという時代でしたから、よほどの早熟でもない限り、若い男にとって女体やセックスなんて、妄想の世界のものでした。オナニーできればいいけど、うちは私が長男で下が妹ばかりで、そうもいかない。試験中、教室で考え込んでいるときに射精したこともありました。

とにかくそういう苦渋に満ちた青春を送ってきたから、同じような思いをしている奴《やつ》らをすっきりさせたい、妄想の材料をつくってやりたいという思いをピンク映画には込めたかった。それにはまず経験だと、プロデューサーに言われるまま熱海に行って芸者を値切った末、５０００円で床枕となって、言われたのが「ほら、早く脱いで」でした。芸者が腰を使うと、乳房が柔らかく弾み、そこに手を伸ばすまでもなく、あっという間に昇天と相成りまして。

部屋で瓶ビールの栓を抜いて研究結果を振り返っていると、付き添いで来た製作部の兄貴分が戻ってきました。

「まいったなぁ、あの芸者、スマタだぜ」

「はあ？　なんですかそれ」

きょとんとした顔をすると、「知らないの？　まいったなあ」と、兄貴分。くどくどと説明を聞いたんですが、なんだか腑に落ちない。

「いやたしかに、あったかい感じのとこに、入れた感じでした。あれって股の間だったんですか」

「そうよ、名人クラスだぜ」

兄貴分は「かっこ悪いから、このことは内緒だぞ。人には言うなよ」と言いました。

そしてクランクイン。ベッドシーンは遊び人の友人をアパートに訪ね、秘技のあれこれをノート1冊にまとめたものをネタにしました。こいつがまたインチキ野郎で、あることないことペラペラしゃべっただけ。そのインチキを見破る経験もないから、そうしたエロ話をベッドシーンに盛り込んで、ヨーイ、スタート！　と大声を張り上げるしかなかった。最初から我流です。

これが受けちゃった。映倫の審査員が「こんな淫らな映画観たことない」とカンカンになって、審査拒否されたほど。それはピンク映画監督にとって最高の褒め言葉でした。初監督作品『狂い咲き』はこうして製作され、助監督に足立正生がつき、五輪の翌1965年春に封切られました。「助監督15～16年でやっと監督」という時代にあって、助監督3本だけで監督デビューという幸運。狂い咲きのごとく、250本ものピンク映画を世に送り出す演出の日々がはじまるなんて夢にも思いませんでした。

満たされぬ青春の「ホン水」

「やめたほうがいい。ピンクなんて行ったら真っ当な映画人の世界に戻れなくなるぞ」

映画界の先輩から何度そう言われたか分かりません。ピンク映画は映画業界の異端児。世間からも後ろ指を指され、どっぷり浸かったら、まともな映画の道に戻れなくなるぞ、と。

それでもピンクに身を投じた理由はいくつもあります。1964年の東京五輪を境に、テレビの普及率が急速に高まり、ますます日本映画は斜陽だったし、入りたくても五社協定を結ぶ邦画メジャーはとてつもなく狭き門で、山田洋次監督のような東大出の頭のいい奴しか入れなかったんです。

丁稚《でっち》からの叩き上げという道もあったのですが、助監督という奉公を10年、15年というのは辛い。同じ岩波映画の先輩で、開局したばかりの東京12チャンネル（現・テレビ東京）を喧嘩して辞め、今度はATGと、次々と場を替えながら活躍している田原総一朗さんのように、早く世に出るには、つべこべ言っている暇はなかった。

東京五輪開催前の1963年に『甘い罠』でデビューした若松孝二監督にプロデューサーを紹介してもらったとき、

「あんた見込みがあるから、こういう映画やっちゃうと、五社（邦画メジャー）の映画とか一切関係なくなっちゃう」と言われ、その助言に従い、「山本晋也」と名乗ることにしました。

ピンクは300万円映画とも呼ばれていました。それだけ安い予算で製作していたからで、とりわけ私に発注する弱小プロはだいたい請負で1本220万から240万円で手形を割るなどして、つくっていた。1時間ものなら2日か3日、最小限のスタッフで効率よく、フル回転して完成させなければなりません。

朝6時、新宿西口の安田生命ビル前に集合、製作費を切り詰めるため、絡み以外はロケ撮影とし、都内でゲリラ撮影をしていくのが、いつものコース。新宿西口公園でカメラを回した途端、管理人が自転車で飛んできて「使用料を払え」と言ってきたり、原宿の路上に立てば、店の店主が「店が入る。撮影許可は」とくる。撮影隊の目の上のたんこぶのように、ついてまわるのが、この使用許可でした。道路使用許可など取っているはずもなく、110番でやってきたパトカーのお巡りからは「いつかお前ら退治してやっからな」と言われました。

もっとも、まだ時代が良く、電車内でカメラを回し、ピンクの撮影と知られても、サラリーマンはにやにや、OLは頬を赤らめる程度。一方でゴールデン街といった、新宿の飲み屋街の片隅で夜間撮影となると、酔っ払ったやじ馬から「よっ、エロ映画！」などと合いの手が入る。いちいち外野の相手をしていたら、スケジュールは回らず、足が出てしまうというのに、撮影隊にいるのは俳優の久保新二ら血気盛んな若者ばかりとあって、やじが飛ぶと敏感に反応してしまう。

「エロ映画で悪かったな。てめえらだってコソコソやってんだろ！　こっちは夜中まで労働してんだ！」

やじ馬に突っかかっての大立ち回り。そうした喧嘩や、道路使用許可を取っていないといった理由でパクられたことも一度や二度ではありません。

照明部の古参からいじめられたときは、日大応援団の後輩を電話で数十人招集して撮影所に乗り込み、木刀で張り倒してやりました。映画の製作スタッフを「組」で表すことからも分かる通り、映画業界は昔ながらの職人肌と言いましょうか、徒弟制度やら縄張りみたいなものがあり、理屈や正論はなかなか通用しないんです。

役者だって、新米監督にはなめてきます。岩波映画で羽仁進監督についていた頃、撮影時間になっても役者が来ない。仕方なく、自宅へ迎えに行ったりするのですが、荒木一郎は浴衣で出てきて、酒臭い息を吐いて「きょうは無理」などと悪びれる風もなく言い、へらへら笑っていた。その頬をピンタして、ぶっとばしてやりました。

すると岩波映画本社社長室に母親の荒木道子さんが息子を連れて怒鳴り込んできた。

「よりにもよって、役者の顔を殴るなんて」

私と息子とどっちをとるかと迫ったのです。腕を組んで聞いていた社長は事もなげに一言。

「君ね、みそ汁で顔を洗っておいで」

クレームも失態も知らん顔、全て頬かむりという今の日本の政府官僚、会社トップにはない気骨がありました。社長からしてアンチ縦社会で、ふんぞり返る輩が跋扈する旧態依然の社会に対する反逆者だったのだと思います。

デモに参加する学生がオールナイトで任侠《にんきょう》映画を観て、肩をいからせて出てくる一方で、アングラ演劇とピンクも盛り上がった70年代、映画は2本立てが主流で、いつの間にか中央線の二番館全てがピンクになっていました。

新宿にはピンク専門館「新宿国際劇場」があり、「ミラノ座」では映画の幕間にピンク女優が舞台に上がった。新宿文化ビル裏手の「蠍座《さそり》」で若松孝二特集が上映されると、ゴダールや大島渚《なぎさ》に傾倒する映画通が列をなした。

当時私は「坊や」と呼ばれていたんですが、プログラムピクチャーの一員になって1年くらいして分かったのは、早く職人になんなきゃいけないということ。カット割りを研究して、ノートに書き留めて、頭をひねり、絡みでは「あいうえお」を1語ずつ、呻《うめ》きながら、くぐもった声を出す手を考えました。そうすると、擬似セックスでも、演技経験ゼロの女優でも、喘ぎ声に聞こえるんですよ。若松監督は処女喪失のシーンで女優の太ももを思いきり抓《つね》っていました。

女優はいくらでもいた。ピンク創成期の、大部屋女優にもそっぽを向かれ、ストリップ劇場を出演交渉して回ったという製作者の苦労もしないですんだのは、プロダクションが家出娘やらフーテン女をスカウトしては、売り込んでくるシステムがあったから。新宿東口前の広場や深夜喫茶、ゴーゴーバーに行けばそんな娘はごろごろいたし、ことベッドシーンに限り、撮った映像に声をかぶせるアフレコだから、台詞《せりふ》を言えない素人でも事足りてしまう。田舎町から出てきた娘が、畑仕事で分厚くなった手を気にして「恥ずかしい」と言っていたのを覚えています。

当時はストリップでも全裸はなし。ピンク映画も、撮影になれば前張りで局部を隠し、本番行為もない擬似セックスです。それでもキスシーンのたびに歯磨きをして、「ああ、不潔」と嫌な顔を繰り返す女優が現れたときは、相手役の男優の耳元で「君も歯を磨け」と囁いてやりました。NGのたびに並んで歯磨きというヘンテコな光景が繰り広げられましたけど、仕方ない。

それとは逆に、ベッドシーンを通じて女優と男優がソノ気になってしまい、撮影後、渋谷のラブホテル街でふたりを目撃したこともありました。

「アト引いたんだなぁ、あいつら」と、スタッフのひとりがつぶやくように言った。マイクロバスで団地にアパート、喫茶店に場末のバーなどを休みなくロケした後、絡みで女優が「ホン水」を出しているのを知っていましたが、擬似では満たされるわけもない。当時の女優は日給1万円、男優は5000円。それでは懐も温まりません。監督として、演出家として、情けないやら申し訳ないやら。私のピンク創成期は汗と涙の味がします。

地方ロケで旅館に宿泊した際、70代の女将《おかみ》に夜這いをかけたとして、女将が撮影スタッフ全員を並べ、犯人捜しをされたこともあります。女将はコトのあった翌朝、撮影隊を整列させ、一人ひとり、確認していったんですけど、結局、見つからずじまい。

「いくら何でも、まさか」とスタッフが話していると、久保新二が「実は」と小さく手を挙げました。

「やったのか？　どうだった？」

詰め寄るスタッフに、久保は言いました。

「ひゃっこかった」

女は生理があがってからのほうが性欲が昂まるという話がある。女将さんがどうだったか分かりませんけれども。

場末の二番館、下町未亡人の慕情

「困りましたねえ」

「いいじゃないですか、成人映画なんですから」

「そうは言っても、活字でも×××とか書いて隠してますよね」

日常の、どの家庭にもある秘め事の言葉がピンク映画では使えません。性交を暗示するショットはたとえ着衣であってもNGなら、卑猥な印象を与えるカットもNG。ピンク創成期の1960年代はじめは乳房など言うに及ばず、胸の谷間や尻の割れ目すら映倫はNGを出していたので、65年デビューの私なんぞはまだまし。それでも、「イク」って台詞まで駄目でしたし、おっぱいを握るのも論外、ヘアはただの1本も映っていてはならないでは、ピンクにならない。お客さんに申し訳が立ちません。

まず陰毛、ヘアは前張りに付け毛してやりました。スタッフが大人のおもちゃ屋で「夜の花」というナイロン製の陰毛を見つけてきたのです。美術館で絵画のヘアを撮って、妄想をかきたてたこともある。

さらに探したら、『臨床解剖図鑑』という見事な本がある。未婚女性のあそこのアップと子どもを産んだ女性のあそこがリアルに描かれた図版が並んでいて、これを映せば文句ないだろうと使いました。駄目押しとばかり、最後に「この映画で使用しました女性器はドイツ・ハイデルベルク大学医学部編纂《へんさん》の『臨床解剖図譜』より使いました」とスーパーを出した。

映倫は困ってましたよ。医学生が見ているものをまさかワイセツだとか言うわけにもいきませんから。

「カントク、こんなことやってたら、僕ら本当に捕まりますよね」とスタッフは言いました。

そうしたことを四六時中考え、1本終わると次、終わるとまた次という日々を年がら年中送っていたところ、年に2回はインポになり、自律神経失調症になっちゃった。世間からは「ピンクなんて映画じゃない」「ワイセツの殉教者」「日本映画を駄目にした野郎ども」、さらに「この世を汚すダニ、ウジ虫どもめ」といった言われ方もしていた。寅《とら》さんに健さんと、日本映画も花盛りで、1本観終わったら次は何を観ようかという時代でしたけれども、映倫やお上、さらには世間の冷たい目にさらされながらも、撮影に奔走し上映までこぎつける仕事というのは、どうなのか。風俗もピンクも、ほとんどの男たちにこっそりと親しまれながらも、公には弾かれる、日陰の存在なのです。その世界にいると、どこか後ろめたさがつきまとう。そこに妙味もあるのですが。

あるとき場末の二番館の壊れかけの椅子でお客さんと一緒にスクリーンを眺めていると、こんな小さな声が聞こえてきました。

「たまんねえなぁ」

ちょっと前の席の男がつぶやいたんです。唾をのむ音も聞こえた。『未亡人下宿』という、1969年の第1作からシリーズとなった作品で必ず登場させていた、ヒロインの未亡人が下宿の貧乏学生たちに、まかないを振る舞う場面でした。

熱した鉄鍋に最上級の牛肉をどっかと盛り、新鮮野菜と共にジュージューと音をたてて焼いてやる。炊き立てのご飯をこれでもかと盛った丼を差し出す。生たまごはひとり2個。「足りなければ、いくらでもあるから、お腹いっぱいになるまで食べてね」と着物姿の色っぽい未亡人が微笑む。そして、すり切れてテカテカに着古した学ランの下宿人たちが肉を、飯をかっくらう姿を優しく見守ってくれるのです。

学生は国の宝、心の底から好いていますよというのを出したかった。安アパートで、女将はお金に余裕があるわけじゃないんだけれども、下宿人を応援したいとき、大変なときになると、近所の商店街に行って、肉屋と八百屋の前を知らん顔で歩いていく。肉屋も八百屋も、あわよくばと常日頃から狙っている未亡人ですから、買い物袋を提げているところを見たら、素通りさせるわけにいかない。これを持ってってくれ、これもうまいぞって、やるんです。そうやって、ご馳走《ちそう》を仕入れてくれるんですね。

座席に座る観客はほぼ全てが男。燃えるような性欲を持て余し、社会では、順風満帆とはとても言い難く、鬱屈した毎日を送っている若輩者でした。そんな奴らを温かく迎え、最高の手料理を食べさせてくれる。さらに卒業や巣立ちのときになると、仏壇の遺影を裏返してから、熟れた白い肉体を開き、ほとばしるエネルギーを放出させてくれる。苦渋に満ちた青春を振り返り、悶々としていた自分のような男たちのためにとの思いが、ちゃんと通じているということが分かりました。それだけで報われた気がした。「そんなにうまいものを出したら、映画を観るのをやめて、飯を食いに出ていっちゃうよ」という言われ方もされましたけど、まかないのシーンを外すつもりはありませんでした。観客の男たちの思いがひしひしと伝わってきたからです。

実は、当時の東京でいつも見ていた日常の風景、未亡人たちの姿も作品の下地にしました。住宅街でね、長屋とかの表札の横に「未亡人」という札をよく見かけました。ここに未亡人が住んでますよ、と知らしめている。いろんな事情があって、女がひとりで暮らしているんだけど、そんな家の前を通ったりすると、近所の大人たちが噂をするのをよく聞いていた。「空き家はつれえだろうな」「やりてえんだろうな」って。

戦争や戦災で夫を失った戦争未亡人が接客する未亡人サロンなんてのもあって、新聞に求人が出ていたりしたんです。そういう未亡人が少なからずいたんです、昭和の時代には。小津（安二郎）監督の『東京物語』（1953年）で、原節子さんの役が戦争未亡人ですね。尾道から上京してきた、笠智衆《りゅうちしゅう》さんと東山千栄子さん演じる義父母を東京観光に案内したりして、実に温かくもてなす。アパートでつつましく暮らし、隣人からお酒をちょっと借りてきたりね。優しく笑顔なんだけれども、寂しさ、陰があるという、ああいう女の人です。『未亡人下宿』の女たちは、そうした戦争未亡人に対する近所の男たちの言葉、「やりてえんだろうな」をモチーフにしていました。女たちは亡くした旦那の仏壇を居間に置いて、日々を告白する。旦那を愛し続けているわけだけど、夜になると熟れた体を持て余し、細い指で自分を慰めるしかない。性が今ほど開けっぴろげじゃなかった頃に、たとえば若い男と未亡人が交わったっていいじゃないかと思った。そんなファンタジーにしたかった。

学生といったって、当時はそう簡単にアパートでひとり暮らしというわけにはいかなかった。学生証とかで身元を調べられて、きちんとしていないと部屋を借りられませんでした。学生にしたって、親のすねかじりでひとり暮らしなんて、申し訳ない、仕送りもそんなにもらえないという気持ちが多分にあって、身をよじりながら勉強していたのです。

花と蛇……酔狂の先達たち

数え切れないほどの女優を見てきましたけど、何と言っても鮮烈だったのが、谷ナオミです。助監督として、『極秘・女拷問』（1968年、小森白《きよし》監督）の撮影現場で荒縄に縛られ、吊るされ鞭で打たれ、という過酷なシーンの連続にナオミは体調を崩し、40度近い高熱を出していました。さすがにスタッフも心配し中止にしようかとなったところ、「大丈夫です。続けてください」と、二十歳のナオミは言い切りました。そして真冬の山小屋での逆さ吊りに臨んだ。豊満な胸をむき出しに縛られ、後ろ手にされた格好で、こんな注文を出したのです。

「水の入ったバケツを置いてください。拷問で水の中に逆さの状態で顔を浸けられた後、口から苦しそうに水を吐くと迫力が増しますよね」

バケツの中にはニシキヘビが入っていました。

素顔のナオミはさっぱりとした性格で、SかMかではSに近いと語っていた。大久保あたりのアパートでひとり暮らしをしていて、素っ裸でヘア丸出しのまま料理をつくってくれたのを覚えている。たしかフライパンで焼いたウインナーソーセージだった。

団鬼六さん原作の『花と蛇』シリーズでは日活ロマンポルノの顔になった。スター女優になってからは、熱烈な追っかけファンが出待ちをしていた。ナオミの顔見たさに夜通し冬の路上に立ち続ける中年男、「30万円出しますから、ナオミのおしっこを飲みたい」とコップを差し出す年配男もいた。

70年代から80年代にも、経済が右肩上がりの勢いもあって、酔狂な輩が少なからずいた。

ホテルのスイートルームなどでの会員限定、非公開での秘密のパーティ。団鬼六さんもそうしたパーティをよく主催していた。屋形船を「奴隷船」と銘打ち、宴《うたげ》を催したり、ホテルのスイートなどでSM愛好者のパーティを開いた。私も呼んでいただき顔をだすと、参加者は一流企業役員、社長と、いわゆるVIPばかり。女はモデルや女優のたまごで、揃いも揃って若くて美人なのであった。その柔肌を荒縄で縛り、吊り、転がし、あられもない姿態に喘ぐ様を眺めていると、

「一息入れますか」

ソファに腰掛けた私に、女将のような清楚《せいそ》な着物姿の妙齢の女が近づいてきて、お盆に載せた皿を差し出した。

「特製のサンドウィッチです」

隣にいた紳士が早速手を出し、「滋味、滋味」と頬張って喜んでいる。

——そんなにうまいのか。

女将の赤い口紅にも促され、皿に手を伸ばした。綺麗にカットされた長方形のサンドウィッチをつかみ、一口。

「ん？」

それを咀嚼《そしやく》してみて、首を傾げた。チーズやバターと共に、なんともいえない苦味が口の中に広がっていく。

「なんですかこれは？」

「いいお味でしょ。女の味」と微笑むばかりで答えない女将。喉につまって、口の中のサンドウィッチをナプキンに吐き出しました。

「仕方ねえだろう。食いたいって言うんだから」

団鬼六さんはそう言って、笑うのです。

「食いたくなければ、食うな」

『花と蛇』は不能の青年が、性倒錯の妖しい世界に足を踏み入れて男性機能を取り戻していく物語。ピンク映画監督という職業柄、作品と同じアブノーマルな世界も垣間見た。

人生は妄想である。団さんたち先達のように、エロスへの強い探求心、冒険心、性癖を極め志向していく。あとは実行力があるかどうか。この一歩を踏み出せるかどうか、なのです。

ディープ・スロートを吉原がKOした日

日本中の繁華街でピンク映画が多数上映された1970年代、全米でセンセーションを巻き起こしたのが『ディープ・スロート』（1972年、ジェラルド・ダミアーノ監督）です。いわゆる本番行為を映すハードコアポルノで、喉の奥に性感帯のある女（リンダ・ラヴレース）がセックスとフェラチオに明け暮れる話でした。ピル解禁やゲイの人権、フリーセックス運動が活発だったこの時代、作品は日本でも大ヒットし社会問題にもなりました。

その主演男優ハリー・リームスに目をつけ、日本のピンクに出演させたのが東映の岡田茂社長でした。実はハリーと私はハワイでのハードコア撮影現場で知り合っていて、「監督が山本なら」とハリーからの指名もあってのオファーがきた。

幼少時の交通事故の後遺症で、勃起機能を失っていた男が手術で機能を取り戻し、妻の彩子（飛鳥裕子）のもとへ駆けつけるが……というシナリオを用意してハリーを迎えた日のこと。世界のピンク映画の顔、ポルノスターとして引く手あまたのハリーでしたが、もともとは英シェイクスピア劇団で古典の舞台に立っていた役者。なぜ、ピンク出演となったのかと問うと、29歳のハリーは笑ってこう言いました。

「売れなくて、食えなかったからさ。それで映画スタッフの仕事もはじめたときに参加したのが、『ディープ・スロート』。実は音声技師として現場に行っていたんだけど、主演の男優が緊張してどうやっても勃たなくてね。僕が代役を務めることになったんだよ」

本番アリの映画が公開されるのは全米でも初めて。それまで、温泉街で密かに上映されていた日本と同様、愛好家たちが楽しむブルーフィルムだけだったため、映画づくりに慣れている製作者たちもいつもとは違う緊張があったのだろう。そんななか、ハリーは多くのスタッフや関係者に囲まれながらも勃起することができた。しかも、それが巨根だった。

本人は「食べるためにやっただけ。ポルノの代表のように言われるのは、困っちゃってね」と屈託がありません。

日本のピンクは本番行為を行わない。前張りをつけての擬似だと説明すると、「それでいいの？」と目を丸くしました。実際に前張りを見たときは「日本の女優は病気持ちばかりなのかと思った」という。

実際、日本の女との絡みは未経験のため、撮影までに慣れさせなければならない。それで吉原のトルコ風呂に連れていったところ、またまた目を丸くして出てきた。

「グレート！　凄い！　なんて繊細なサービスなんだ！　あまりに気持ち良くて、セックスまでいかなかった。する前にイッてしまうんだ。嗚呼《ああ》どうしよう」

和製ディープ・スロートが米国の巨砲をやっつけたと話題になり、撮影現場は大いに盛り上がりました。ハリーは80年代、ポルノが嫌でドラッグとアル中になりボロボロに。しかしキリスト教徒となってアル中更生施設の女性と結婚、不動産で富を築き豪邸暮らしの幸せをつかんだそうだ。

立川談志との壮大で危険な世界道中

若く美しい新妻がいながら、妖艶な愛人もいて、今夜はどちらを抱こうかと、なんとも羨ましい悩みにひとりほくそ笑んでいる男。ようやく仕事を終えて、選んだ女のもとへといそいそ出かけていく道すがら、「でも、あいつにわりぃなあ」と選ばなかった女に対する申し訳なさを感じて、あっちへうろうろ、こっちへうろうろ。

そんな、男の夢をかなえたサラリーマンを『特殊三角関係』（１９７２年）で描きました。妻と愛人が意気投合し、それぞれを公認してくれたら……というストーリーです。愛人役は谷ナオミ。男の夢のまた夢を実現させて、孤独な男たちの目を釘づけにしたものですが、

「こりゃあ、『権助提灯《ごんすけちょうちん》』じゃねえか」と元ネタを言い当てた落語家が、この古典落語を高座でもやっていた立川談志です。

「この監督は間違いなく江戸っ子だ。何かこいつの映画はおかしい」と、言っているというのです。のこのこ出かけていくと、

「お前が山本か！」と破顔一笑、一気にしゃべり出した。そして30年来の付き合いがはじまりました。私は談志創設の落語スクールのひとつ、「立川流B（著名人）コース」に入門、立川談遊という高座名をもらい弟子となりました。弟子と言っても、

「お前は俺と遊《あす》んでりゃあいいんだ」と言うだけでしたけれども。

素顔の師匠は柄に似合わず寂しがり屋で、旅先では必ず部屋をふたつとるけれど、誰かが一緒じゃなきゃ眠れないっていう性質《タチ》でした。それでいて、他人の鼾《いびき》が大嫌いときている。私は寝相が良く、鼾もかかないし、食も酒もそれほどいらないんで、「金がかかんなくっていいや」っていろんなところに連れてってもらいました。

「おい、バチカン行くぞ、バチカン」と、ある日師匠は言いました。バチカンと言えば、ローマ教皇庁によるカトリック教会と東方典礼カトリック教会の中心地、いわばカトリックの「総本山」です。

「そんなところ、行けるんですか」

「行けないわけがないだろう。偉い奴知ってんだ」

言われるままに飛行機に乗ると、当地へ着き、最後の審判の壁画などを鑑賞後、その偉い関係者と夕食と相成りました。

目の前に現れたのが背広に帽子姿の御仁。

「おい、神はいるのか訊いてみろ」と、師匠は肘で催促してきました。

その通りに訊くと、にっこり笑って、こう訊き返されました。

「あなたは神様が世の中にいたほうがよろしいですか、いないほうがよろしいですか」

「そりゃあ、まあ、いたほうが面白いかもしれませんけど」

「もうお答えは出ているじゃありませんか」

それで終わり。帰りの飛行機の中で考えて、あの野郎きたねえ言い方しやがってと悔しがっていると、師匠は一言。

「あれお前、相手誰か知ってんだろう」

「知ってるも何も、皆同じような顔してるじゃないですか」

「あれ、ヨハネ・パウロ2世だ。知らなかったのか」と笑うんです。

「どうして先に言ってくれないんですか」と食って掛かっても、後の祭り。「サインのひとつでももらっておけばよかった」と強がるしかありません。

ハワイの真珠湾に行ったときは、日本軍の奇襲で犠牲になった米兵の遺族たちが墓参りしている場面に遭遇しました。

師匠はといえば麦わら帽子に短パン、サンダルという出で立ち。鋭い視線が突き刺さり、「観光気分で来るんじゃねえ」「ジャップが」「イエローモンキーが」といった言葉が浴びせられているのが分かりました。

「晋也、こいつらに何か言い返せ！」

しばしの逡巡《しゅんじゅん》の後、私は一歩前に出てこう叫んだ。

「ノーモア、ヒロシマ！」

沈黙。そして遺族たちの顔つきが変わっていく。やがて、深いしわを震わせた老女が集団から近づいてきて、言いました。

「嗚呼、お互い不幸だったのよね。全く戦争ってやつは」

老女が私の肩を引き寄せ、柔らかい笑みを残して去ると、その肩を今度は師匠がポンポンと叩き出す。

「おめえ、アメ公になかなかいいギャグ飛ばすじゃねえか！」

それからも私のピンク映画に登場したり、公私共に付き合いは続き、晩年を迎えたとき、こうつぶやいたのを覚えています。

「俺ぁ、志ん生の息子に生まれたかった」

5代目古今亭志ん生は私も日藝時代から心酔し、孤高なところといい、師匠に近いものも感じていた。森下に志ん生の行きつけがあるんですが、「蹴っ飛ばし」って言っても今じゃ通じないだろうけど、銀の鍋で桜肉（馬肉）を食わせる店があり……。

江戸っ子の洒脱《しゃだつ》、噺家《はなしか》の粋がゆっくりと過去へと遠ざかり、忘れられていきます。

赤塚不二夫、タモリ、所ジョージとの面白グループ再録

「日本を汚す」「公序良俗を乱すワイセツ」などと世間に言われながらも、ピンク映画に客が入り、繁華街の娯楽の一翼を担っていた1970年代。

「あんたが監督？」と夜中の3時、深夜の自宅に突然電話をかけてきて、酔っ払いが仕事のオファーを出してきました。タモリ、所ジョージ、高平哲郎らを引き連れて、「馬鹿馬鹿しいことを全部認めてしまおう」という「面白グループ」をつくっていた赤塚不二夫さ

んです。いつものように赤塚さんの旗振りで酒を飲んでいたところ、「俺たちだけで映画をつくろうじゃないか」となった。そこで名前があがったのが、私。あまりの非常識ぶりに言葉もありませんでしたけど、考えてみれば、とやかく常識を振りかざす仕事でもないし、立場でもない。

そうやって製作されたのが、『赤塚不二夫のギャグ・ポルノ　気分を出してもう一度』『下落合焼とりムービー』（共に1979年）です。『下落合——』は植木等の「無責任」シリーズのようなコメディを目指し、岡本喜八監督『独立愚連隊』張りのアクションをやろうってんで香港ロケに出て、所、タモリ、宇崎竜童、柄本明、坂崎幸之助、高見沢俊彦ら諸兄が出演しています。そこで分かったのが、赤塚さんの熱意。

天才バカボンに「これでいいのだ！」という台詞がありますが、あれは実は物凄く高いところ、これ以上ないというところまで作品を追求した後に言う赤塚さんの言葉なんです。そういう人でした。中洲でソープランドを一晩借り切り、ドンチャン騒ぎをしたこともある。

そうしたつながりから、ラジオ「オールナイトニッポン」で水曜深夜のパーソナリティをしていたタモリに呼ばれ、有楽町のニッポン放送を訪れたとき、思わず「偉い」と膝を叩きました。スタジオに布団が用意され、照明にピンク色のセロファンが貼られ、部屋中がピンク一色。日野繭子ら女優ふたりの後で私が入ると、

「それではお願いします」とタモリは言いました。ピンクの撮影を実況しようというのです。

タモリは赤塚不二夫所有の4LDKのマンションでの居候を経て、芸能界デビューして数年という駆け出しの30代。勢いのある過激トークで若者人気が高まっていた。その勢い、盛り上げ方ったら、ない。

女優たちによる「前張り」の秘話、喘ぎ声の出し方、さらに私が「ヨーイ、スタート」と号令をかけ、絡みの場面をタモリを使って実演と、放送事故すれすれの展開に、ラジオの前にいた若者たちが有楽町のニッポン放送前に殺到したのです。

「自分はパセリ」とタモリは言っていました。洋食の付け合わせのように、絶対になければならないというものではない。だけど、食べてくれる人、分かってくれる人に楽しんでもらえればそれでいい、と。パセリの芸道を貫いているのはご承知の通り。

赤塚さんが最晩年のとき、病院にタモリと行ったら、私たちの顔すら分かんなくなっていた。酒好きの赤塚さんを思ってワインの栓を抜いたんだけど、私もタモリも一言も言葉

がありませんでした。

新宿のぞき屋じいさんの最期

三島由紀夫の割腹自殺にあさま山荘事件、昭和天皇崩御と、私は時の事件や出来事をネタ帳に記録し、作品に反映させせました。「演歌チャンチャカチャン」が大ヒットすれば『ポルノ・チャンチャカチャン』（1978年）を撮り、映画『未知との遭遇』（1977年）がヒットすれば、『痴漢との遭遇』（1978年）をつくっちゃう。大きく言わせてもらえば、パロディを通して時代に切り込もうとしたのです。そのひとつ、「痴漢」シリーズでは日本文化の裏面、痴漢や覗きをその歴史や技巧まで事細かに取材しました。東京には電車や公園ごとに痴漢、覗きの「シマ」があり、それぞれに「親分」がいて、集団で技を磨いたりして仕切っていました。

新宿の西口公園で覗きをやっていて、覗きの最中に心臓麻痺《まひ》を起こしておっ死《ち》んじゃったじいさんがいるという話を痴漢グループの奴らから聞いて、映画を撮り、『セミドキュメント　にっぽん痴漢五十年史』（1975年）というタイトルで公開しました。詩人の金子光晴さんも痴漢や覗きが好きで、「世の中、しゃがんだほうがよく見える」と聞けば、そういう哲学も入れた。

映画の最後のシーンで痴漢のじいさんは西口公園でおちんちんを勃たせたまんま、死んでいきます。痴漢の連中が騒いでいるところで終わるんですけど、実際にそういうことがあったんじゃないかと思う。痴漢をやりすぎて甲状腺ホルモンが異常に発達してしまい、眼球が大きくなるバセドウ病になった男がいたり、さもありなんというドラマが公園の茂みの陰にあったし、おそらく今も、ある。

覗きを通じて知り合った男たちが、街でばったり会ったとき、知らんぷりしてすれ違う瞬間に今夜またあそこで会おうなという暗黙の約束を交わしている。それで夜になると「昼間は悪かったね」と挨拶し、家族や仕事関係者が相手のときとはまるで違う顔になる。駄目な落ちこぼれなんだけど、氏素性も知らなければ世代も違う奴らがそうやって生きているってところに魅力があるのだ。

そうした社会との接点、時代と添い寝できていたから、映画はヒットしたのかもしれない。ところが80年代になり、風向きが変わる。映画『未亡人下宿』シリーズをもう止《や》めたほうがいいと思ったのは、大企業が下宿生活を送っていた学生は採用しないと言い出したのがきっかけであった。

自立できていないということなのか、親離れできていないということなのか分からないけれども、未亡人の美人女将が身の回りの世話を焼いてくれ、時にすき焼きで元気づけ、卒業や巣立ちの際は豊満な肉体を抱かせてくれるという独身男の夢物語、ファンタジーの舞台となった下宿話が、社会から消えていったのだ。

それでも満たされない、この思い。『女湯・女湯・女湯』（1970年）は銭湯の三助の物語。酒と色にまみれた人生の最期、火葬場の煙突からピンク色の煙が立ち上るラスト、こういう台詞をつけた。

「あの野郎、まだ酔いが醒《さ》めてねえな」

あれから約半世紀が経ち、ピンクの煙になど到底なれそうにない、私ら男たちはどこへ向かえばいいのか。

再び21世紀の東京の街へと繰り出します。

第五章 老齢社会の性と生

鶯谷

東京は中野新橋の住宅街にある拙宅にいつもの取材スタッフが来て、吉永カメラマンの運転する車で現場に向かうとき、煙草に火をつけて、ふと言いました。

「下町が嫌いでね」

「神田生まれの神田育ち。ちゃきちゃきの江戸っ子じゃないですか！」と声が上がる。

そうなんですけど、子どもの頃、学校から帰ると、家には誰かしら知らない人がいて、さも当然のように座っていた。なんでもかんでも顔を突っ込んできて、家庭の事情なんてお構いなし、プライベートという認識すらなかったんです。

近所付き合いがあり、誰もが顔見知りで、それが犯罪の抑止にもなる。絆《きずな》だ昭和の古き良き日本の姿だとされる下町の庶民生活も、実際にそこで育ってきた者にしてみれば、そんなにいいというわけでもない。深入りによる心労や近所トラブル、厚かましさと息苦しさに辟易《へきえき》し、母親が台所でため息をついていた記憶は今も消えてはいない。

「だから山の手の、この辺りが丁度いいんですよ」と続けると、「へえ」という反応。

車窓から新宿大ガードが見えてくる。「思い出横丁」の看板が目に入ってきます。

「あの飲み屋街は戦後の闇市の名残で、学生の時分によく安い飯をかっ込んだりしたもの。テントや掘っ立て小屋ばかりだったけれど、活気があり、煮込みなんかのうまそうな湯気がたっていた。『しょんべん横丁』って呼んでたんですけどねえ」

飲み屋街の住民にしてみれば、「しょんべん」呼ばわりされたくないというのも分かります。だが、「臭い物に蓋をする」じゃありませんが、なんでもかんでも綺麗ごとにしていくこの国のお上と庶民はちょっとどうかしている。過去をねじまげ、歴史に学ぶこともない。歴史は繰り返す、という格言が皮肉に聞こえてくる。

靖国通りを流し、上野を越えて平日昼下がりの鶯谷《うぐいすだに》へ着く。界隈のラブホテル街を行けば、大きなトートバッグを肩にかけた妙齢の女たちとすれ違います。多くがデリヘル嬢で、コスチュームやプレイグッズを詰めて客のもとへ向かうことが多いため、手荷物が多くなるそうで。もちろん全てではないでしょうが、ラブホテルの密集する北口はオフィス街とは違う、色の匂いがぷんぷんと漂います。東京の玄関口だった上野に人があふれ、それを受け入れるだけの旅館がなかったんで、修学旅行の学生なんかを見越してすぐ隣の鶯谷にホテルや旅館を建てたというのが、すぐに連れ込み宿やラブホテルになっていった。近くに吉原があるというのも、風俗街としての成り立ちに影響しているのでしょう。

住所でいうと台東区根岸。駅北口からほど近いところに「昭和の爆笑王」こと初代林家三平の資料館があるのですが、観光客やファンはそこに着くまでのラブホテルの圧倒的な数に、仰天するかもしれない。「2時間3500円」といったラブホテル街の料金表を眺めつつ、思いを巡らせます。

風俗は、そこで働きたい女たちの数が右肩上がりで、店に応募しても面接で落とされる人気の職業になっているそうです。日本で風俗に従事する女たちは35万人もいて、過当競争を強いられる一方、働きたい意思はあっても採用されない女たちがそれと同程度に存在しているらしい。志望者は食うや食わずの学生やシングルマザー、ワーキングプアの派遣OLに加え、介護職員が増えていて、生活に困窮した女たちの働く最後の一線であった風俗が、もはやセーフティネットとしては機能しなくなってきているというのです。この日向かったのは、風俗用語で「地雷」と呼び、客が敬遠し大多数の店が門前払いにする「ブス・デブ・ババア」を揃える「地雷専門店」として、業界の常識を覆し人気を集めているデリヘル「デッドボール」。風俗面接で落とされた、あぶれ組を「全採用」しているのです。店名は、野球なら戦力外通告を受けた選手を客にぶつけるという意味が込められています。

鶯谷駅を行き交う山手線の走る音が聞こえそうな雑居ビルの2階に上がり、事務所のチャイムを鳴らすと、「ようこそ」と40代の脱サラ社長が笑顔で迎えてくれました。背が高く、やり手の営業マンという印象です。中は2LDKのキッチンスペースに事務机が並び、野球のユニフォームをまとったスタッフが3～4人、パソコンと電話に向かい、出勤予定の書き込まれたホワイトボードが壁にかかっています。その右奥、襖の向こうは待機所になっていて、6畳ほどの和室でお菓子やジュースの置かれた座卓を囲み、携帯をいじりながら、テレビのワイドショーを見るともなしに見ているコンパニオンがいました。

社長のS氏はもともとセキュリティ会社勤務の技術者。「社長になりたい」と思っていたものの、高卒ということもあって、会社勤めを何年続けても社長にはなれないと一念発起し19年勤めた会社を37歳で退職、「なんでもいい、とにかく社長になろう」と風俗での起業を思い立った。

「未経験でも、年商1億円も夢じゃないという週刊誌の見出しを見たんです。それで、デリヘルで見習いをしたんですが、求人広告費をばかみたいに使いながら、年齢や外見で多くを不採用にしていくのを見て、首を傾げました。それで池袋のホルモン屋でひとり飲みながら、ひらめいたんです。このホルモンがもともと捨てる部位だったように、不採用の志望者を集めうまく商売すれば、成り立つんじゃないかって。風俗ですか？　なんだか味気ないし、むしろ嫌いでした」

だからこその着想だったのでしょう。デリヘル業者はいい女を揃えるべく、努力している。それは業者が、「どうせ金を払うんだったら、少しでもいい女といい思いをしたい」という風俗で遊ぶ客の心理を知っているから。それは事実で、いい女がいれば集客力はあがり、リピーターも増える。しかし、このS社長には、そうした発想がなかった。あったのは、ビジネスとしての着眼点です。

「ブルーオーシャン、レッドオーシャンというビジネス用語があるんです。ブルーは未開拓、レッドは開拓しつくされている業態の意味で、デリヘルは後者。他のお店と同じことをしてもうまくいかない」

社長は自らを「総監督」と称し、コンパニオンを「選手」と呼び源氏名をつけています。とはいえ、ご本人は野球ファンではなく、実はサッカーファン。日本人には野球のほうが馴染み深いということで、野球用語を使っているというのですから徹底しています。このビジネスモデルが時流に合ったのでしょう、応募者は貧困率の悪化と共に増え、月に40～50人も。全身刺青やピアスのコンパニオンがいたり、総入れ歯がいたり、たしかに他の風俗店にはいないような面々が並び、ホームページではそれらを隠すどころか前面に打ち出しています。

「それで、お客の反応はどうなんですか」と、待機中のコンパニオンに訊いてみました。

下町のスーパーに自転車で乗り付ける主婦といった印象の、ぽっちゃりした体型の彼女が「思ったほど、ひどくないねって言われるよね」と、周りを窺《うかが》いながら言うと、「あ、言われる」「そうね」と同調する声があがります。

「男なら誰しも若くて美人がいいと思いがちですが、そういう美女は緊張するという人も結構いるんですよ。うちは風俗なんですけど、サラリーマンの新人研修の一環で部下に気合を入れさせるために体験させたり、運気をあげるための『我慢代』としての来店とか、彼女や仲間うちにペナルティとして、来させられる方もいます。本当に体験したことを証明する証書をつくったら、喜んで持ち帰られたりもする。いろいろですね。ホテル代を別に70分8000円からと、他のデリヘルより安い価格もあって、気楽に遊んでいただいているように思います。指名して、近くの居酒屋で2時間飲む相手をするだけでいいという方もいらっしゃいますよ」

社長はそう言います。社長が独創的だからでしょうね、そこで働く女たちも、他のデリヘルでは聞けないような境遇や心境をしゃべってくれる。

ぽっちゃり体形の主婦は38歳。

「旦那がリストラされてずっと家にいるんです。パートだって言って出てきてるんですけど、最近浮気じゃないかって疑うんです。うちには小学生の子どもが3人いて、お金がいるんで仕方ないけど、私が風俗やってるってことよりも、もう貯金も尽きて私が家計支えてるって分かったら、プライドが傷つくんじゃないかって。なかなか次の職が決まらなくて、いらいらしてるんですよ」

「いい妻だねえ」

感心する私の傍らで、総監督は言います。

「へえ、知らなかった。だったら旦那もうちで働けばいいじゃない」

電話番でもスケジュール管理もあるし、ネットの更新業務だってあるというのです。

では、「地雷」と呼ばれ、罰ゲームのようにやってくる男たちを、女性コンパニオンたちはどう見ているのか。風俗に通う男たちの中に、彼女たちを見下す目があるのは昔と変わらず、そうした男たちの嫌な部分をたくさん見ているのではないか。

「旦那が無職なんで、呼んでもらえるだけで、有難いんです」と、38歳の主婦は言った。

「生活のためですからねえ」と、40代のコンパニオンも相槌《あいづち》を打つ。あばたの顔に口にはピアス、さらに全身に刺青という外見がネックとなり、他店で不採用が相次いでいたそうです。普段はSM歴20年のS女性。横浜でSMバーをはじめたため、それが軌道に乗るまでは続けなければならないという。

総監督によれば、月に20日間、目いっぱい店に出ると70万円という収入が見込める。とはいえ、客に呼ばれた女たちがいつも嬉々として働いているかというと、それは男の誤解というもの。

「コンパニオンの7〜8割は精神的に不安定になり、安定剤などを服用してます」と総監督。

ほとんどの客が求めるフェラチオも、サービスする側にとっては楽ではないようで。

「口の周りの筋肉が疲れる」

「舐めたいんだろう、しゃぶりたいんだろうって言われて、頷かないといけないのが嫌」

「(ペニスを口に含ませた状態で男が主導的に動く)イラマチオなんて、息できないし吐きそうになって引っぱたきたくなる」と打ち明けてくれました。

そうしたことを1日に何回も繰り返すと、気が狂いそうになり、そういうときは「10

00円、2000円、3000円て、お金を思い浮かべながらやる」という声も。

「お客さんには言いませんけどね」

一方では客と仲良くなり、付き合いはじめるコンパニオンもいるというから、奥が深い。

実際のところ、部屋の隅で同僚の肩に頭をのせ、もじもじしている20代のフリーター娘に「セックスが好きなの?」と質問すると、恥ずかしそうに頷きました。一口に風俗嬢といっても、一括《ひとくく》りにできるほど、簡単じゃない。

それは、男の客にも言え、40代のコンパニオンが言うには「おしっこを飲みたいというお客さんは結構いますよ」。他にも、「足の蒸れた匂いがいいんだ」と汗まみれのストッキングにむしゃぶりついたり、子どものように甘えるなど、ホテルで秘めた願望をぶつけてくる客が少なくないそうです。総監督が言います。

「うちはマニア系でもなければ、もちろん本番もない、デリヘルのサービスとしてはごく普通の店なんですけれども、それだけじゃないところのニーズにも応えられているようなんです」

フェチの時代が来る、と思ったのが20年ほど前でしたが、まさにそういう流れになっているんですね。ビョーキはビョーキなんだけど、セックス、ことに男の性欲はただ射精すればいいというものじゃない。ブスだババアだと敢えて自分たちを低く見せる売り方によって、客の男たちの願望を出させてしまうコンパニオン、さらに社長のビジネス手腕には恐れ入りました。

と、サービスを終えたコンパニオンが事務所に帰ってきました。「お疲れ」と声がかかります。そこへ電話が鳴って、

「3Pしたいっていうリクエストなんですけど」と、女性スタッフが声をあげる。彼女、立つと巨体で、元バレーボール選手なんだとか。

しばらくやり取りの声がした後、コンパニオンふたりが事務所を出ていきました。そしてホテルに着いて、サービスをはじめるとき、こう宣言するのです。

「プレイボール！」

バイブバーの女たち

「すごーい」「わぁ」などと感嘆の声をあげて、独身の女たちが色とりどりのバイブを手に取り、触っている。AV男優の勃起した男根を模《かたど》ったのもあり、血管の浮き出たモノに目を輝かせる姿は、大抵の男ならば驚き、尻込みするでしょう。

次に訪れたのは、渋谷駅の真ん前にある「バイブバー ワイルドワン」。その名の通り、店の入口に女性器をイメージした門があり、そこを潜って入る趣向といい、男根を挿入させて笑う女のオブジェといい、３５０本ものバイブレーターが並べられた店内は私の風俗リポート歴をもってしても、斬新です。

「女性限定、女性同伴なら男も入れる店と聞いてきたけど、たとえば俺がカミさんを連れてきたとしたら、怒ってすぐに帰ってしまうと思うね。今どきの女性は違うのかしら」

広報のU女史が答えます。

「女性のお客様の中心は20代から30代、ほとんどが独身の方ですけれど、40代以上でご結婚されている方も珍しいというわけではありません。たしかに最初は驚かれる方もいらっしゃいますが、ネットなどにお店の情報が載ってますし、怒って帰ってしまわれるということはないですね」

バイブレーターといえば、中高年なら「大人のおもちゃ」を思い出すでしょう。繁華街の片隅や街道沿いにピンク色の看板を掲げ、あるいは温泉街でひっそりと売られ、妖しく手招きしていた、あの光景です。

「昔は『電動こけし』といって、男側の目線というか、たとえば50代になって勃ちにくくなった男が愛人を悦ばせるために買ったりね、いろんな用途があった気がするけど、今の女たちは自分を慰めるために自分で買い求めるってことなの？　俺は中国共産党員にこっそり土産物でプレゼントして、大喜びされたことがあるけど、そういうのとも、また違うんだろうね」

「違いますねえ」と、U女史。

「買い求められる方は、皆さんご自分のためのようです。うちもアダルトショップをやっていて、もっと多くのお客様との橋渡しになればとお店をはじめたんですけれど、もともと興味があって、使ってみたかったという女性がほとんどです。機会がなかったというだけで……。お店での声に限りますが、罪悪感みたいなものはあまりないようです」

男相手には処女だけど、バイブを愛用し実際には処女じゃなかったりするケースもあるそうで。

尖《とが》った形状でGスポットを集中的に刺激する「潮吹きバイブ」、クリトリス専用のドイツ製「ウーマナイザー」、パール付きに膣トレ用と、長さ太さのみならず、バイブといっても多種多様で、SMビデオで嫌がる貴婦人の股間に突き刺しヒイヒイ言わせるイメージとはほど遠い。

日本がリードしていたバイブ市場に今は中国などが入り、世界中で開発され、ネックだった「ビーン」という振動音も改良され、音のないものが主流だとか。

「男の側からすると、俺のペニスは子どもをつくれるんだってことくらいしかないか」

ちょっと強がりを言うと、精子をポンプに入れ、好きなタイミングで〝射精〟できる不妊治療用のバイブまであるというのです。

「ここまで来ると、凄いというより、なるほどと頷くしかないか」

少子化に草食系などの影響で、女たちが自分で性欲を満たす時代ということなのかもしれません。25歳の店スタッフ、悠レイカさんは「このコ（バイブ）たちも好きですけど」と言い、こう続けました。

「男とのセックスも好き。別腹ですから」

射精しない男、見せたい女たちの群れ

「ハイ、このポーズ終わるまで3、2、1！」

「ハイ次のポーズ、モデルに触らないで！」

「ハイ、3、2、1！」

土曜日の昼下がり、潰れた総合病院の地下室に置かれた丸いお立ち台でセーラー服やメイド服、はたまた体操着に猫やうさぎの耳をつけた娘たちが尻の割れ目を見せ、局部すれすれまで下着を下ろして並んでいます。それをカメラを持つ男たちが取り囲み、娘たちに1ミリでも近づこうと迫り、もみ合いながら無言でシャッターを切り続けている。撮影を仕切るスタッフの大声だけが響く、異様な熱気。

甲州街道の京王線初台駅からの大通りを1本入ったところにある初台玉井病院スタジオ。休日の親子連れがベビーカーを押している表の雰囲気とはまるで違い、写真を撮れとけしかけた直後に、撮影時間は終わり、止めろと大声でがなり立てるスタッフがいて、カメラに囲まれて、嬉しいのか嫌なのか、よく分からない、ロボットか人形のような笑顔を浮かべているモデルがいて、道行く親子連れが中に入ってこの光景を見たら、仰天するのは間違いない。これは、元病院を全部借り切って行われている18禁のイベント「まにけっと」でのことです。「心温まるエロスの祭典」と銘打ち、定期的に開かれているイベントで、参加者は各ブースを借りて自撮り写真集の物販やらパフォーマンスを披露したりし、共同スペースではショーやコンテストが行われているのです。

カメラ男に囲まれている彼女たちはＡＶ嬢か。

プロデューサーは、AV監督の3代目葵マリーさん。痩せて、眼鏡をかけた中年女性ですが、ご本人もAVに出たり、歌舞伎町に風俗発信バーを出したりしている実業家でもある。物凄い大声と早口で、スタッフに指示を出し、カメラ男に注意しながら答えてくれました。

「ほぼ全員、素人ですよ。『自撮り』した画像をネットで公開している娘たちをツイッターで集めたんです。言わば、エロ版AKB。彼女たちは全員、『私を見て、撮って』って思ってる。あそこだけは出さないのがプライド」

名刺の但し書きには、こう書かれています。

《ツイッターの中で誕生したロー協（日本ローレグ・ライズ協会）は、ツイッターを主な活動の場所にローレグやローライズが好きで自撮りなどでロー写真をツイートする女の子を応援する団体です》

一般の感覚では、なかなか理解するのは難しいでしょう。と、撮影会は終わり、「個撮」へ。好みの娘をちょっとの時間、1対1で撮影できる時間です。これは、昔で言えば個室ヌードですね。カメラ男たちがまた、3000円を払う。集団撮影会と合わせると6000円になります。

地下から1階に上がると、「ニコ生」特設ブースがあって、イベントをネットで生中継していています。館内はわいわい、がやがやとして、狭い廊下を思い思いの衣装を着た若者が行き交っている。若い頃に日藝で奇抜な芸を見てきたけど、ここまではない。「レイヤー」と呼ばれるパフォーマーたちは実に過激で、フェティッシュと一括りにできないほど出し物が細分化し、マニアックになっている。

会場内を回る男たちも、風俗店の客とは違い、ブースで自費出版の写真集を買ったり、「チェキ」に500円を払って、出展者の女と並んで写真を撮ったりしている。直接、性的な満足感が得られるわけじゃないのに、入場料3000円払って、楽しそうです。幾ら使うのか客のひとりに訊くと、

「3万円くらいですかねえ」と男は言いました。アイドルタレントのファンの感覚に近いのかもしれません。フェチ時代の風俗と言ってもいい。

控室を覗くと、人の出入りが多く、好き勝手な格好をして、打ち合わせやメークをしていたりする。出演者は出演者で、久しぶりに会ったと言ってはハイタッチしたり、日常とは違う自分になることに心を躍らせている。エロスの祭典といっても、アニメの世界と言いましょうか、CGの仮想現実、ヴァーチャルのようで、現実離れして見えます。男たち

はそれで満たされるのでしょうか。

美女カップルの見る夢

新宿2丁目にゲイバーが集まるようになったのは、1957年（昭和32年）の売春防止法施行がきっかけでした。赤線の廃止で空き家となった店に周辺の「男色居酒屋」が移ってきて、それに続けと同種の店が増えていった。

そんな赤線地帯の面影を残す2丁目の一画、新千鳥街の小さな店の扉を開くと、タレントの一ノ瀬文香さんと、そのパートナーで女優の杉森茜さんが並んでいました。2015年4月に都内で結婚式を挙げた同性カップルです。昔も女どうしのカップルはいたけど、大抵どちらかがいい女で、もうひとりは容貌なんかに大きな落差があった。それが、どちらもいい女というのは、凄い。一ノ瀬さんはグラビアを飾るプロポーションと中高の教員免許を持つ才色兼備、杉森さんは腹筋の割れたスレンダータイプで、いたずらな子猫のよう。

「新婚生活は楽しい？」と訊と、「やっぱり安定するというか、安心しますね」と杉森さんは言い、一ノ瀬さんは「しょっちゅう喧嘩してますけど」と笑いました。

同性婚はオランダが２００１年に認めたのを皮切りに欧州から広まり、２０１５年６月にはアメリカ連邦最高裁判所も合法としました。合法化は世界の潮流だが、日本がこれに続くかというと、そう簡単じゃない。一ノ瀬さんが婚姻届を都内区役所に提出したところ、当然のように不受理で姓の変更も許されず、相続権も認められていないのです。

ふたりのような同性愛者らをひっくるめて最近は「ＬＧＢＴ」と呼びますが、性的少数派ということもあって今も偏見がつきまといます。そういう人たちが現にいるのですから、認める認めないというところからして愚問だと思う。大いに認めるというところまで自信はないけど、私は消極的ながら賛成の手を挙げる。

自分たちを「妻妻」というカップルの将来設計はこうです。

「しっかりした家を持って、子ども７人くらいに囲まれて暮らしたいです。こういうことを言ったら、メディアの方に『あまり言わないほうがいいよ』って言われちゃったんですけど、精子バンクとかブラピとアンジーのように養子を持ったりしてみたい」（杉森さん）

「林家ペーさん、パー子さんのようになって、いつか名物レズビアン夫婦って呼ばれたらいいな」（一ノ瀬さん）

今のところ、日本では入籍も認められなければ、相続権もない。シングルマザーでは養子を取れないといった法律もあり、ふたりの前途にはいくつもの壁が立ちはだかります。

「それでも」と一ノ瀬さんはこう言います。

「私たちがお婆ちゃんになるまでには、同性婚も認められ、ＬＧＢＴが普通に暮らせるようになると思う。今回、挙式したのも、私たちみたいな存在がいることを知っていただけたらと思ったからなんですが、『実は私も』とか『勇気をもらってカミングアウトしました』という方からの反響がたくさんあり、私たちだけじゃないんだ、言いたくても言えないでいるんだなってことが本当に伝わってきました」

私はこう感想を伝えました。

「お腹の膨らんだ女がふたり、仲良く歩いているというのはいいな。俺なんか、カミさんが妊娠したとき、やったのは俺って見られるのが嫌で隣を歩くのが嫌だったけど、別に隠れることでもないんだよな。おふたりが歩けば世間の見方も変わる。凄い革命を起こせると思うよ」

少数意見を認めない風潮のある日本では、同性婚によって少子化が進むという見方もあるそうですけど、認可している欧州では逆に子どもが増えた例もあるらしい。偏見や差別は歴然とある。でも、明るくて見栄えもいいふたりを見ていると、元気になる。

「なんだか面白い世の中になってきたぞ。俺の一生って何だったんだろうって思っちゃうよ」と言うと、ふたりの顔に笑みが広がりました。

オトコノコという生き方

「オトコノコ？」

「ええ、『男の娘』と書いてそう読むんです」

そう言うと、女装美少年総合専門誌「オトコノコ時代」編集長の井戸隆明氏はこんな説明をしてくれました。

「ネットから出てきた言葉で、性別を超えるといいますか、若い男の子なんですけど、容姿は美少女という。アニメやゲーム上の妄想、ファンタジー、ある意味理想が現実になり、2次元の世界から飛び出してきた感じです」

「浅草橋に『エリザベス』って女装クラブがあったけど」

「今もありますよ！」

「それとは違うのかしら」

「そうですねえ……。女装する若い男の子のことを最近は『女装子《じょそこ》』と言うんですけど、ほとんどの女装子は女性に憧れ、好きすぎて、女性と同化したいと思っている。美しいものになりたい、なった自分に酔いしれるんです。ナルシシズムの極致だと思います」

「そういう若いのが増えている」

「中高年世代も結構いらっしゃいますよ。男の娘がブームになったのは2009年頃からですが、今も男の娘用のメーク雑誌が創刊されたり、女装用サロンがオープンしたりしています。最近の現象としては、女性たちが彼らを積極的に受け入れるようになってきたことがあげられます」

実は私も女になりたいと思ったことがある。割れ目ちゃんがあったら、どうだろうと妄想するのだ。何度でもセックスでき、時に失神するほどの快感というのはどういうものなのか。そこへ人気のオトコノコで、AVに出演したり、SMクラブなど風俗にも従事している優希まゆちゃん、19歳が部屋に入ってきました。手足の細さといい、膨らんだ胸といい、黙っていれば女の子に見えます。

「もともと母が女の子を欲しがっていて」と、生い立ちを訥々としゃべるまゆちゃんに訊いてみました。

「小さい頃、男から触られたとか、トラウマになっているような経験、ない？　俺は早稲田中で映画館に通えば触られ、学園祭では女装させられていた。男子校だったってこともあるけど、セーラー服を着せられて、同級生からせんずりのおかずにされたのは、今も脳裏に残っててね」

「私も小3のとき、トイレで男子に囲まれて触られたことがあります」

強烈な体験ですが、まゆちゃんは葛藤の末、自分が女の子であると自認し、外見も女の子にしていく。メークにファッションはもとより、脱毛し、女性ホルモン注射をはじめると、胸が膨らんでいったといいます。そしてツイッターで、母乳が出るようになったと報告、

「小さいコップにためた自分の母乳を飲んでみたけど、味がよく分からなかった。まぁ、おいしくはない。でも生温かかったよ！」などと書いているそうです。

「おすぎとピーコと男性トイレで鉢合わせしたとき、迷わず個室のほうに入っていったよ。外見は男だけど内面は女という人は昔からいるからね」

昔と違うのは、情報です。まゆちゃんのような生き方を選択しようにも、どこでどうやったらいいのか一般社会では分からなかったのが、ネットで簡単に分かり、つながることができる。市場としてはニッチでも、それを買い求めるファンがいて、風俗やAV、モデ

ルなどの仕事にもなるのです。

「まゆちゃんのようになりたい」というメールが中高生から送られてくるのだそうだ。当人は二十歳で性転換手術を受ける意思を固めている。日本だと未成年では手術を受けられないこともありますが、あまり若いうちに手術を受けるとホルモンバランスが崩れ、心身共に病む可能性があるのです。

「ニューハーフは手に負えないという声があります。睾丸とペニスを取った後、性格悪くなったとか、浮き沈みが激しくなったというケースがあるんです」と井戸氏。

とはいえ、その手術は、メディカル観光ツアーなどといい、タイなどで安いものだと100万円程度でできてしまう。まゆちゃんはブログの自己紹介欄で「その（手術の）後姿を消して好きな男性と普通に結婚して普通に暮らして専業主婦をするのが目標のまだ成人式を迎えてないピチピチな子供」と書いていました。

「理想の女性はいる？」

「ええと、沢尻エリカさん。男性にこびず、ピンとしているところが素敵。私もそうありたいんですけど……」

「今の社会に対して言いたいこととか、ある？　怒りを感じているとか」

「う〜ん、税金が高すぎます！」

「そりゃあ、そうだ。俺もそう思う」

私が笑って同調すると、ようやく少し、表情を和らげてくれました。

若い女がきわどい写真を自分で撮影して公開し、風俗には通わない男たちが、金を払って彼女たちを撮影しようと群がる。美女と美女が結婚し、若い男は女装に走り、本当に女になろうと手術を受ける。決して大多数ではないが、男は女を求め、女は男を求めるというだけではない現代の性、風俗に私は思わず腕組みした。

男と女。性と生は複雑化していっているのか、もともと潜在していたものが顕在化しているのか。

人生は妄想。風俗は社会の縮図だと思う。実際のところ、現実とヴァーチャルがいたちごっこをしているようだ。

年収5万円でも幸せの国

自分がやってきたことは何だったんだろう。還暦を過ぎたあたりから、そう思ってきた。

70代になってからは、やってこなかったことは何だったんだろうと考え、それに挑戦したくなっている。自宅でほろ酔いのまま、ふと思い立ち、電話をかけて同行を申し出た曽野綾子さんのマダガスカル医療支援。２０１４年秋、アフリカ大陸の南東、インド洋に浮かぶ島国での2週間が、私の人生の指針を変えてくれた。

　マダガスカル共和国では、日本の１・６倍の面積に２３５７万人の人々が５万円程度の年収で暮らしている。ホテルを一歩出たら、たくさんの子どもたちが物をねだりに寄ってくる。外人が珍しいのだろうけど、それだけじゃない。私の革のブーツを見ていたんです。子どもたちはというと、ほとんどが裸足、ビニールの薄っぺらいサンダルがせいぜいだから、大金持ちに見えたのですね。電気も水道もガスも未整備なら病院もなく、そもそも医師に腕がない。国で2番目に大きな街なのに、公共バスも自転車もなく学校もないのです。

　口唇口蓋裂《こうしんこうがいれつ》という、上唇や上顎が裂けた状態で生まれてくる子どもが世の中にはいて、1回の手術で完治するところ、それさえも受けられない。発音はおろかおっぱいも飲めず、物乞いもできず、ただ生きていくことすらできずにいる。そんな子どもたちを集め、昭和大の専門医による医療班が手術する姿に私はカメラを向けました。すると半ば予想してはいたものの、手術中も停電になるし、雨季による豪雨で空が割れそうなほどの雷が鳴るしで、生まれて初めて怖いと思ってしまった。先生たちを見ると、微動だにせず、懐中電灯を点《つ》けロウソクをともして手術し続けていた。麻酔器を手動で動かしていたんです。

マダガスカルは子ども12～14人兄弟なんて当たり前という社会で、街では、親に捨てられた子どもたちに何人も会った。屋根すらないところに住んで、犬なんかと一緒に、濡れて寝ている。今晩食べるものもないっていう毎日を生きている。

曽野さんと共に何時間もマーケットを歩き、足が棒のようになったときでした。露店では何やら凄《すさ》まじいものが売られ、食べていいものなのかどうかも疑わしいし、右も左も分からない。それでうな垂れるといいますか、ふと足元のあたりを見ると、小学2～3年生くらいの女の子がいました。空き箱か何かを机にして、勉強していたんですね。あのマラさんの言っている、ワンブック、ワンペン、ワンノートで。ティーチャーもいないというのに、明るくて目がキラキラして、笑うと揃ったばかりの白い歯が覗くんです。今の日本にはいない。ああいう子は……。

驚き感心し感動している私を見て、曽野さんは「幸せでしょ」と言いました。

「幸福は学校だけじゃない。それぞれの幸せがあると知っているだけで、日本より幸せ。大学行かなかったら一生終わりなんて発想はここにはないんですよ」

トルストイの短編に、こんな話があります。人はどれだけ土地が欲しいかってんで、ある男が大地主から言われるんです。「お前に土地をやる。日の出から日没まで歩いた分だ。日没までにここに戻ってこい」って。喜んだ男は下男を連れてまあ必死に歩くわけですよ。それで日の沈むギリギリに帰ってきて、安心したんだけど無理したんですね、ポコッて死んでしまった。下男はご主人様の身長を測って、これくらいだなって穴を掘って埋めるんです。

曽野さんは「まるで日本みたいね」と笑いました。

「今の日本人ほど贅沢な国民はね、いないんです。世界で一番、本当に、最高の贅沢をしています。庶民まで。世界のどこを探したっていませんよ」

貧困率が右肩上がりの格差社会でも。

「まず第一に水と電気が途絶えない。それから交通網が整備されている。銀行員がインチキをしない、お巡りさんが賄賂を取らないと、挙げていったら切りがないくらい。これだけ揃った国は本当にないんです。これは先人、同時代人のおかげ。深く感謝すると共に、これを続けていくために皆でどれだけ努力していかなければならないか分かりますか。まあ若い人たちに言ったところで誰も聞く耳を持たない、無駄でしょうけど」

日本の相対的貧困率は今やOECD34カ国中29位の水準。全世帯の16・0%、およそ6

人にひとりが平均の半分にも満たない所得で喘いでいます。高齢者になるほど悲惨で、年金を打ち切られ、社会保障もカット。そのうえ増税ラッシュで食うや食わずだというのに、贅沢だというのです。世界の貧困レベルから見ると、そういうことになるんだそうです。

そして、世界での幸せの定義はこう。

　屋根のあるところで寝ることができ、その日の食べ物があること。

　曽野さんとは、テレビ番組での共演が、交流のはじまりでした。曽野さんの夫、作家の三浦朱門さんは私にとっては日藝時代に教わった教授、文字通りの先生でして、これがもう、嫌な問題ばっかり出しましてね、そのおかげで卒業するのに6年もかかっている。それで、「あの野郎に会わせろ」って、開口一番、言ったんです。

　初対面の席でいきなり夫の悪口を言われたら、普通なら相手の常識を疑うか呆れるか怒るところでしょうけど、曽野さんは違った。

「人間関係ってそういう風にはじまらなきゃって」と喜び、挨拶から30秒後に「ああ、この方とはお話しできるなって思いました」と語ってくれたのです。

　人生はそうした縁と行動でいくつになっても、いくつであっても、変わっていく。片道4キロもの悪路を裸足で1日10往復も水汲《く》みして、たった75円で生きているマダガスカルの兄妹は、その晩の食べ物にありつけたというだけで大喜びしていた。それだけで本当に幸せだっていうんです。そういう世界の貧困の基準、ものさしを前にしばし言葉を失った。

　ものさしでいえば、日本の場合、十分痩せていてもうダイエットする必要がないのに、まだ痩せなきゃとダイエットしたり、美味珍味を競うように取り寄せたりしていますよね。物欲にしろ食欲にしろ、他人と比べたりして、満たされない。小欲知足ということを忘れている、こちらのほうが貧しいのかもしれない。

　金があるにこしたことはない。しかし、平均年収5万円で、子どもを学校に通わせることもできないというのに、マダガスカルの人々は子だくさんで、実際に17人産んだという女性に会いました。子どもを慈しみ、そこに悲壮感など全くなかった。

　B29の編隊が空を覆い尽くすのを防空壕《ごう》から見た東京大空襲の後、お婆ちゃんに手を引かれ、上野駅に降りたときを思い出します。あふれんばかりの戦災孤児たちが、物をねだるときの物凄い目つきったらなかった。俺はこんな目に遭っているのに、お前はまともな服を着て、のうのうと歩いているという凄まじい殺意を感じ、とても怖かった。そういう目つきの子がマダガスカルにはいないんですよね。物をねだるときも。

　曽野さんはこんなことを言います。

「少子化を食い止めようと、子どもを安心して産めて育てられる社会をつくらなければならない、それがないから子どもは増えないんだという日本政府の政策は全くの嘘ですね。もともと安心なんて概念がこの世にはない。実は子どもって貧乏なほうが増えるんですよ。貧困のほうがいい。本当に出生率を上げるなら、貧しくすればいい。貧乏だからできることってあるんです。本当に出生率を上げるなら、もっと食べ物もなく、家も狭くすればいい。飢餓地帯に行くと受胎率が上がるんです。種としての危機感がそうさせる。そういうものがあるっていうことを政府は認めないし、誰も言わない。もっと貧乏すればいい。もっと苦労すればいい。私の親も私もそうやって生きてきた。今は甘ちゃんばっかりですよ」

出生率で言うなら、今の人たちは皆、自分が一番好きなんだと思いますね。大好きな自分を妊娠とかで犠牲にしたくないというのが、どっかにある気がする。代理出産とか、進歩しているし、何なら俺が代わりに産んでやろうかって言いたくなる。

今私の目に浮かぶのは、自らの幼少期。あの焼け野原から立ち上がり、働いて育ててくれた両親の背中。考えてみれば、お袋は150センチもない小さな体で長男の私を筆頭に5人もの子どもを産んでるんですね。親父は夜中に帰って早朝に出ていく仕事漬《づ》けの人生を送っていた。それが当然のように見ていましたけど、よくもまあ、あそこまで身を粉《こ》にして、愚痴ひとつ言わずにやったもんです。

そうした世代が日本を復興させ、経済大国にし、「世界一贅沢な」社会を残したのです。そしてそれらを食い散らかしてきた結果が今、目の前に広がっている。

寅さんが旅に出ると、はがきを寄越しますよね。汚い字でこう書いてある。反省と後悔の日々を過ごしております、と。私みたいに完璧でない人間にとっては、それしかない。しみじみ思うのは、自分がやってきたことにこだわるんじゃなくて、やってこなかったことは何だろうってこと。できることは何か。金持ちになりたいとか、そんなことばっかり考えてきたけど、何か得るというんじゃなくて、こっちが与える、できることは何だろうって思う。

古希を過ぎた体は衰え酒も医者に止められている。それでも、マダガスカル医療支援に今後も関わり、昭和大学の専門医らを当地へと送る医療船を出せないか、協力することはできる。日本船舶振興会（現・公益財団法人日本財団）会長の笹川陽平氏を訪ね、話を向けてみようと思う。

曽野さんには、マダガスカルなどの医療支援の話と共に、こっそりこう申し上げております。

「いつかその唇を奪ってみせますよ」

肩書も年齢も関係ない。死ぬまで男であり、女なのです。

山谷できぼうの灯をともす

「段ボールを10時間拾い集めて、ホームレスのおじさんたちがようやく手にできるのが500円玉ひとつ。そうやって稼いだ500円で売春する女性がいたりします」

日雇い労働者たちの街、山谷でそんな話を聞きました。

矢吹丈が渡ったとされる泪《なみだ》橋は今は交差点となり、ママチャリの白髪男がゆっくりと渡っていきます。催涙ガスに焼き討ち、車はひっくり返す暴動の相次いだ「マンモス交番」も閑散としていて、

♪今日の仕事はつらかった〜

と歌われた日雇い労働者たちの姿も、ほとんど見当たらない。私の知っている山谷は、もう跡形もない。

1960年代の初頭、岩波映画に入って初めての仕事で行ったのが山谷のドヤ街でした。

羽仁進監督に言われるまま、３日間ひとりドヤに泊まり込んだんですけど、いや怖かったなんてもんじゃない。夜は寝てる間に身ぐるみはがされ、パンツまで持ってかれるから、靴を胸に抱えて丸くなるしかないし、朝は暗いうちから小汚いバンやホロ付きトラックでやくざの手配師がやってきて、鋭い目を光らせて、日雇いの選別をはじめる。口を開けさせて、歯を見るんです。奴隷売買と同じやり方だって知るのはずっと後。給食だかの車が何台も来て、他では考えられないような安い値段、丼飯が１杯10円だったか、で横流ししていたり、公園では靴が片足だけ売られていて、誰が買うんだって思った。20代そこそこの頭ではまるで理解できない異界でした。物凄いパワーに圧倒された。

そんな街には、売血で食いつなぐ男がいた。血液銀行というのが青砥《あおと》にあって。そこで血を売りすぎて血が薄く黄色くなっちゃって、伊勢丹の真ん前で倒れて、救急車で運ばれて輸血してもらうとすぐまた病院を逃げ出して血を売りに行くという行き倒れを商売にしていた。それで『倒れ屋』っていうドキュメンタリーを撮ったとき、またすぐに病院から脱走してきた男が牛乳と生たまごをふたつ欲しがった。それを渡すと「じゃあな」って喧噪の中へと消えていった。あの痩せた背中でどこへ行ったのか。

人を人と思わない怒声、酔い潰れた酔っ払いの懐をまさぐり、身ぐるみはがす「モガキ」といわれた追い剝ぎ、手配師によるピンハネ。血とアルコールと放尿のアンモニア臭の混じり合った路地の臭い。あの最盛期、60年代に200軒あったとされるドヤの街は、今や寄る辺のない高齢者たちの寄せ場。妙に白いコンクリートのドヤとその前にズラリと並ぶママチャリの通りを歩き、向かったのは、売血男のその後を取材するためでもある。

かつて銭湯のあった場所に建つ「きぼうのいえ」。2002年秋の開設から、行き倒れのホームレスや、身寄りのないアウトローたちの終《つい》の棲家《すみか》となり、これまで220人以上がその最期を迎えた民間のホスピスです。

「『トゥナイト』、見てましたよ」

そう言って微笑み、中年腹を揺らし迎えてくれたのが、山本雅基施設長。1963年生まれ。マザー・テレサの「死を待つ人の家」の日本版をつくった人物なのだけれども、いわゆる聖人のイメージとはちょっと違う。私がかつて見た山谷のイメージを伝えたところ、「今もドロドロしてますよ」と、まず話をしてくれたのが、500円売春のこと。

「でもね、セックスが不浄なんて誰が決めたんだ。みんなセックスで生まれてきたんじゃないかって思うんですよ」と山本氏は言う。

4階建ての施設を小さなエレベーターに揺られて屋上に出ると、「礼拝堂」がある。オフィス家具メーカーの物置を1000万円かけて改装した塔屋なのだけれど、どこか静謐《せいひつ》な空気が漂うのは、十字架のかかる祭壇とその両脇に置かれた数えきれないほどの遺影の存在が大きいのでしょう。骨壷がいくつも並ぶフローリングの床に座布団をあてて対座します。

「山田洋次監督が『きぼうのいえ』をモデルに『おとうと』という映画を撮るとき、吉永小百合さんと共に取材にいらして、座っていただいたのと同じ場所です。『日本のスラム街にこんなところがあるなんて』と山田監督は驚き、『普通の病院は患者の病気を治して世の中に帰してあげるが、こちらはその人の魂をしっかり死なせてあげることによってお里へ帰してあげるんですね』と仰いました」

なるほど、遺影を見ると、皆さんいい笑顔をしています。

「でもね」と山本氏は続けます。

「ここに来たときは皆さんニヒリストですよ。亡くなって、遺品を整理していると昔の免許証とか危険物取扱者免状なんかの写真が出てくるんですけど、それはそれはとんでもない悪相というのがよくあるんですよ。凶悪事件の被疑者の指名手配写真みたいで、スタッフで見ては、怖いねえ、まさに悪人の顔だねえって言ってます。それは日雇いで体を壊したというだけでなく、酒やギャンブルで身を持ち崩し、家族を失ったり、罪を犯して刑務所に入ったりして、一般社会の日の当たる道とは違う人生を送り、それこそ神も仏も知らねえというような生き方をしてきた人々だからです。731部隊出身者やら包丁一本で食べてきたフリーの板前、詐欺や暴力団が生業という人も少なくありません。今、『きぼうのいえ』で最期を迎えられているのは、まさにカントクが取材された『倒れ屋』の方の年代。生き延びるためだったら何でもしてきた人たちですよ。ここにいらしている可能性も大いにあると思います」

山本氏が「在宅ホスピスケア対応型集合住宅」と命名する「きぼうのいえ」は、月13万円で5・5畳の個室と食事3食つき。身体ケア、スピリチュアルケア、看取《みと》りの3段階ケアを行っています。入居者は一癖も二癖もあるため、末期がんで苦しみながらも、山本氏を「儲け主義」となじり、ボランティアのスタッフを「糞《くそ》ばばあ」と食って掛かったり、周りと打ち解けず、もめ事になるのは日常茶飯事。しかし、

「今、一番困っていることって何ですか」と訊くと、

「金です。1日に10万円、1年に3650万円いるんです」と即答でした。

そういえば曽野綾子さんも言ってました。「神様は薄情なんです」って。

「でも、これが不思議なんですけど、これはまずいなあ、運営できないなあというときに、どこからともなく寄附金があったりして、なんとかなっている。つくづく神様というのは優秀なリサーチャーなんだなあって思うんです」

世の中に本当に必要なものはちゃんと機能する。

そもそも、資金も融資のコネもホスピス運営の経験も何もなかった山本氏がどうやって100坪もの土地を入手して、「きぼうのいえ」をつくれたのか。そこからして、奇想天外な話なのです。

「もともと僕は絵にかいたような哲学青年で、『人生は不可解なり』って華厳の滝に身を投げた藤村操さんという明治時代の学生のような感じだったんです。それで勉強していたんですけど、一向に埒《らち》があかないんですわ。ギリシャ哲学だキリスト教だドイツ観念論だとやってみても、誰もが正しいようなことを言ってはいる、しかし自分の人生の指針になるようなものはどこにもない。どうしたらいいんだあと思ったときに、たまたまキリスト教会っていうところと出合ったんです。日曜日にモーニングサービスがあって、ホテルみたいだなあと思いながら行ってみると、礼拝で、三位一体とか言っている。何言ってるんだと思ったんですが、一方でこの人（イエス・キリスト）は人を助けて助けて助けた挙句、十字架に磔《はりつけ》にされて死んだ人なんだ。ああ、こういう人を自分の中のひとつの基準にできないだろうかなあと思って、キリスト教の洗礼を受けました」

それは、21歳という若さ。

「でも両親はキリスト教とは全くの無縁で、普通の公務員でしたから、突然変異みたいなもんです。なんでお前が宗教にいくんだあって顔をされました。当時は慶應の通信教育課程に入っていたんですけど、結局、卒業を待たずに修道院に入っちゃった。カトリックの神父を目指そうと思ったんですけど、神父は上智大の神学部を出てないとなれないよって言われたんです。それで28歳のときに代々木ゼミナールに通い、赤本（過去問題集）を買って猛勉強して、ギリギリ受かって」

ここで、ひとつの疑問が頭をもたげます。

「神父は結婚しないんですよ。正確に言うと、しないというより、できないことを選ぶんですけどね。聖イグナチオ教会という上智大のすぐ隣にある綺麗な教会に行って、訴えたんです。神様、私は女性が好きなんです。大好きなんです。もう好きで好きでたまらないんです。ビニ本も買ったしマントルも行ったしピンサロにも行った。時代の解禁と共に性の道を歩んでまいりました。図書券で成人雑誌を買ってしまうような男なんです。どうしましょう、と」

卒業で進路を決めるとき、進学部長から仙台白百合学園という女子高に口があると言われながら、それを断ったのは、女子高生に手を出すか事件を起こして大変なことになると思ったから。

「それでまた教会に行って、神よ道をお示しくださいとお祈りしているとき、キーッと後ろで扉が開いて、コツコツコツと女の人のヒールの音が近づいてくる。思わず振り返って、顔を見ちゃったんです。かわいいかなあって。ああ駄目だ、こんな男が神父になどなれやしないやと悟りました」

修道院を出ることになり、後にするとき、贈られたのが、こんな言葉。

――死なない命、過ぎ去らない幸せ、滅びない愛。

山本氏は言います。

「無理ですよ。人間は死ぬし幸せは過ぎ去りますし愛は滅び去りますよ。どう考えればいいんですかって訴えました。『あのね山本君、人間には無理なんだけれども、無理な人間がこういうものを求める姿勢自体はとっても素敵でしょ』というのがそのお答えで、そう言われて、道が決まりました。助けが必要な人を助けて助けて助けた挙句、磔になって死んだイエスのように、困っている人たちを助けまくるのだ！ って」

しかし、最初から壁にぶつかる。

「国立がん研究センター中央病院の小児科で白血病や小児がんの子どもたちの勉強の面倒をみるボランティアをやったときのことです。まだ若いお母さんたちが地方に旦那さんを残して上京してきて、アパートを借りようと不動産屋さんに行って、現住所を書く欄に青森県と書くと『どうして青森の人がウチのアパート借りるんですか』となる。いや実は子どもががんセンターに入院してましてと答えると『え！ それは面倒くさいなあ。この世をはかなんで自殺でもされたらたまったもんじゃないよ』と言われて貸してくれない。それで、そういうお母さん方に1泊1000円で泊まれる施設をつくりましょうという愛の家運動がはじまり、今は認定NPO法人ファミリーハウスというんですけど、そこに奉職することになりまして……。事務局長を11年やらせていただきました。ところが当時そこの理事長である小児科部長というのが『白い巨塔』の田宮二郎のような権威主義、権力志向の塊、お医者さんが一番偉い、民間の奴らなんかなんだという考え方で、僕が聖書を読んでいると、そんなものを信じてるからろくな人間になれねえんだよという顔をされて……。結局そのドクターとの軋轢《あつれき》でうつ病になって辞めてしまったんです」

辞めた理由は、人間関係だけではなかった。子ども、とくに乳児の葬式の、どこにも救いようのない現場に何度も立ち会い、もうどうしようもない絶望感に打ちひしがれた。

「子どもの棺桶って本当に小さくて、そこに遺体を納めて『お別れでございます』となりますよね。ガラガラッて火葬炉を開けて入れると、お母さんが、自分の腹を痛めて産んだ子どもと別れるのが嫌で、絶対入れたくないって叫んで一緒に窯に入ろうとするんですよ。親戚が『もう生き返らないんだから』と止めるんですけど、もみ合い、喧嘩になる。そんな逆縁のような世界を見ていて、こんな仕事もう絶対嫌だ、誰がこんな悲惨な世界に踏み入れるもんかって布団にくるまり、耳をふさいで1年間眠り続けました」

そのとき、神の啓示のような、ひらめきが訪れます。

「今さらサラリーマンになろうにも雇ってくれる会社はないだろうし、神学部卒で銀行員などなれるはずもない。そんな能力もない。自分はいったい何をすればいいんだあと頭を抱えていると、ふっと頭に浮かんだんです。小児がんや白血病の子どもにはお父さんやお母さんがいて、泣いてくれる人がいる。逆縁だからとても悲しいことだけれども、この社会には誰からも顧みられることなく、ひとりぼっちで死んでいかなければならない人もいる。路上で餓死や凍死や病死していく人たちがいる。救急車で運ばれても、そこは誰もが

『あそこの病院は死んで出てくるだけだぞ』といわれている病院。これはいかん。ノーベル平和賞をもらったマザー・テレサさんがインドのカルカッタ、今のコルカタでやっていた『死を待つ人の家』というのがあるなあ。東京でもつくれないか。あ、山谷があるぞ。山谷に行ってみようとインターネットで山谷を調べ、やってきたのが、この地でした。調べたところ、日本にも『神の愛の宣教者会』という修道会があって、訪ねるとインド人や韓国人のブラザー（修道士）が出てきた。それでホスピスはやらないんですかって、皆さんはマザー・テレサのような活動をやらないんですかって訊いたんですけど、『やりませーん』と首をふるばかり。理由を訊くと『私たちはインド人であり、韓国人ですよ。そんな日本の福祉六法など分かりませんし、ソーシャルワーカーではなくて、イエス・キリストに仕える身なんです。ホームレスで苦しんでいるおじさんたちには、おにぎりやカレーライスやみそ汁かけご飯をあげている。それでいいんです』と仰るから、馬鹿言ってるんじゃねえよ、日本人だったら社会保障制度がある程度整ってるから生活保護制度を学んできちんとケアすべきだしされるべきだあって言ったんですけど、『やりませーん』の一点張り。そんじゃ俺がやるわいってことになったんです」

一念発起。紆余《うよ》曲折を経て、ようやく自分の成すべきことに気が付いたわけですが、事はすんなりとは進まない。不動産屋に行けば、こんなやり取りが続いたのです。

「すいませーん、４ＬＤＫをふたつくらい貸してくれませんか」

「あなたが住むんですか？」

「はい僕が住むんです」

「それにしても大きすぎますね。あなたいったい何をするんですか」

「いやあ実はですねえ、身寄りのない方のケアハウスをつくろうと思うんです」

「ああ、そうですか。なるほどね。どういう立場の人たちが入るんですか」

「ええと、実は言いにくいんですけど、俗に言うところのホームレスで」

「あなたねえ。普通の人でもですよ、不動産屋で物件借りるのに収入証明、勤務先証明、住民票、戸籍、連帯保証人が必要なのに、ホームレスなんて何ひとつ持ってないじゃないですか！」

「実は看取りも考えてまして……霊柩車《れいきゅうしゃ》も来ます」

「とんでもない！　おい！　塩、持ってこい！」

それで頭から塩をまかれて、追い出される。

「そうやって断られること３００軒。ああ、借りるのは駄目だあと膝に手をついて、棒の

はすんなりとは進まない。不動産屋に行けば、こんなやり取りが続いたのです。

「すいませーん、4LDKをふたつくらい貸してくれませんか」

「あなたが住むんですか？」

「はい僕が住むんです」

「それにしても大きすぎますね。あなたいったい何をするんですか」

「いやあ実はですねえ、身寄りのない方のケアハウスをつくろうと思うんです」

「ああ、そうですか。なるほどね。どういう立場の人たちが入るんですか」

「ええと、実は言いにくいんですけど、俗に言うところのホームレスで」

「あなたねえ。普通の人でもですよ、不動産屋で物件借りるのに収入証明、勤務先証明、住民票、戸籍、連帯保証人が必要なのに、ホームレスなんて何ひとつ持ってないじゃないですか！」

「実は看取りも考えてまして……霊柩車《れいきゅうしゃ》も来ます」

「とんでもない！　おい！　塩、持ってこい！」

それで頭から塩をまかれて、追い出される。

「そうやって断られること300軒。ああ、借りるのは駄目だあと膝に手をついて、棒のようになった足を見つめるしかなかったんですよ」

淀《よど》みなく語る口調は講談か講演のようですけれど、時折眼光が凄みを帯びる。目の奥に怖いものがあります。

「山谷で唯一の不動産屋『なかよし商事』を訪ねると、言われました。『もうよく分かったでしょ。だいたいホームレスの人たちは収入がない。収入がないのに、どうやって家賃払うんですか。無理に決まってんじゃないですか。あんたのやろうとしていることは気が狂っているとしか思えない』って。本当に、うな垂れるしかありませんでした」

そんなとき、山谷でちょっとした事件が起こります。

「銭湯を経営していた家主が経営不振で銭湯をたたみ、千葉県あたりに夜逃げしたというのです。大蔵省（現・財務省）がその40坪（132・23平方メートル）もの土地を没収、競売に出した物件をその不動産屋が銀行から融資を受けて落としたんですが、転売がうまくいかない。それで『山谷でこんな中途半端な広さの土地、誰も買わない。どうしたものか』と頭を抱えているところへ、やってきたのがこの私。飛んで火にいる夏の虫じゃないけど、こいつに売り逃げしてやれとばかり、1億1500万円もの融資がたった2日でおりちゃったのです。『どこの馬の骨とも分からない君に貸すなんて、よっぽど銀行も不動産屋も困っていたんだな』って面と向かって言われながらも、場所を確保できた。総額2億円弱。銀行の支店長に300万円の裏金を渡し、4500万円で土地を買って、1億円で建物を建てて……」

当然、資金は底をつく。底をつくも何も、元手がないのだから「どうしよう、困った」となる。

ここでまた、救いの手が差し伸べられた。

「『あそこの修道院はどうも金持ちで、金庫に金がうなっているらしいから、行ってみろ』って、キリスト教会のビショップ（司教）から聞いて、藁《わら》にもすがる思いで扉を叩いたんです。三鷹市にあるナザレ修女会といいまして、イギリス国教会系の修道院だったんですが、そこのシスターたちに『東京タワーを造った人がいましてね、今目が見えないんですよ』とか『731部隊で散々な人体実験に嫌々関与させられて、今は山谷のドヤに住んでいる人がいたり、ジャズのブルーノートでサックスを吹いていた人もいます。アルコールでやられて、今はホームレス生活をしているんです』といった話を聞いてもらい、そういう人たちのための終の棲家をつくりたいんです、どうかお金を貸してください。祈るのはプロかもしれないけど、社会事業は苦手でしょ、私がやりますからってお願いしました。

ふーん、それで？　ここにはそういう有象無象の輩がたくさん来ますからねえ。表情から そんなことを物語っていたシスターたちですが、話をするうちに顔色が少しずつ変わって いって、『ところであなたの団体は任意団体ですか？』ときた。『はい。まだ法人格も何も 持っておりません。当然、社会福祉法人でもありません。僕が代表というだけです』と正 直に申し上げたところ、『そう』って。それで銀行の口座番号を訊かれ、『あなた、いくら 欲しいの』と訊かれました。ええい、吹っかけてやれって思い、『1億円』って言ってや ったんですよ」

その3日後、口座のある銀行の浅草橋支店から電話がかかってきた。

「山本さん、5000万円振り込まれてますよ！」

信じられないような声が受話器の向こうで響いたのです。

「目がビヨーンとなって、修道院に電話したんです。『これは貸してくれたんですよね、 返さなきゃいけないお金ですよね、いつまでですか？』と訊いたところ、『いえ、あげま す』と言うんです。嘘だろうって、また目がビヨーン、ビヨーンですよ。猪瀬《いのせ》さんなんて、 5000万円を借りたというだけで都知事をくびになったというのに、どこの馬の骨とも しれない俺なんかに5000万円をぽーんとくれる阿呆が今どきいるんかいって思っちゃいました」

阿呆はそれだけではなかった。それでも資金が足りず、イギリス国教会系の新聞に融資を募る文面を掲載したところ、

「3000万円を無利子でお貸しします」という女性が出てきたり、

「1000万円貸してあげるよ」という男性が出てきたりして、「きぼうのいえ」は完成へとこぎ着けた。2002年10月のことでした。

無言電話や非難ごうごうの嫌がらせ、逆風もありながらも、それを少し上回る追い風が吹いて、今も立派に運営している。1回も銀行への支払いがショートしたことはないそうです。

「誰かが隠して入れてんじゃないかっていうくらい、計算してみると、お金が入っていたりするんですよ」

私は何も不思議だと思わなかった。曽野綾子さんとマダガスカルへ行ったとき、首都のアンタナナリボから遠く離れたところなんですけど、修道院や教会が、病院になっているんですね。日本のシスター、バチカンからのクリスチャンらが世界中から来ていて、病人の看病をしているんです。皆さんついぞお金の問題を言わないんだけど、言えばどっかが

出してくれるんです。私らにはちょっと信じられないけれども、一般の、いわゆる普通の感覚とはちょっと違う。なるほど神様は薄情で、金くれっていってすぐに空から降らすようなことはしないけど、本当にそれが必要なら、体を使って行動を起こし、めぐりめぐって、どうかするとお金の輪の中に入れる。世の中そういうところもあるらしい。山本氏が大きく頷きました。

「ある種、確信犯なんですよ。曽野綾子さんもそうだと思いますが。日本で、ホームレスのホスピスをつくるといって、見捨てるようなクリスチャンしかいないんだったら、そんなのクリスチャンでもなんでもねえ。金は絶対に集まる。ホームレスのホスピスと聞いて何も心を動かされないようなクリスチャンしかいない教会だったら、潰れてしまえばいいんだっていう信念がありました」

それは感じました。マダガスカルに毎年、子どもの口唇口蓋裂の手術をしに行くとなると、その機材からしてベラボウに高いし、定期的に使わないと壊れてしまう精密機器ということもあって、毎年学生や医師ら総勢20人くらいで現地に行く渡航費や移動費、維持費と数えていったら大変な額になる。それで、そういう維持費とか経理はどうしているんですかと曽野さんに訊いたんですけど、「それはシスターたちがなんとかするから」「神様がいるから」って。いや、そういうことじゃなくってさって何度も訊いたんですけどね。大きなバッグがあって、「重いのよねえ、これ」と言うんで何だと思って中を覗いたら、ユーロの札束がどばっと入っている。「全部ここで使い果たさなきゃならないから」って曽野さんは言ってましたね。実際、全部、寄附してすっからかん。お土産を買うお金も残っていなかった。観光なんかも一切しない。全てを使うべきところに投じるという、何か強い意志のようなものがありました。そういう組織がアフリカなんかにはちゃんと、なんかこう、あるんです。そこのシスターはある地域で福祉ができると、また奥地へ行って布教活動をやる。

どういうつながりかって訊くと、ちゃんとバチカンにつながっているんですね。カトリックというのは物凄い力がある。『ゴッドファーザー』だって最期はマフィアではなく、洗礼を受けたカトリック教徒として描かれている。どの国もあそこを制止できない。凄いんですよ。お金の使い方をよく知っている。

「一種の宗教的コングロマリット、多国籍企業ですよ。ある意味おっかないですね」と山本氏は言います。

ある意味、一番闇の金を持っていて、自由に使えるのは山口組とバチカンだって。バチカンに関して言えば、そういう資金力が、物凄い世界の役にたっている。普通の一流企業が経理を通してどうのというのじゃなくて。アフリカには経理なんて社会枠はそもそも通用しませんから。山本氏は座り直し、まっすぐこちらを見ました。

「山本カントクにね、ふたつ言おうと思ってたんです。まず、イエス・キリストは理事会は絶対開いていないってこと。ヨハネ、ペトロが議事録署名人で議長がイエスで、第1号議案、ナザレでの宣教活動について、これについて反対賛成なんてやるわけがない。全て独断なんですね。それからマザー・テレサ。もともとはロレット修道会というインドの富裕者層の勉強を見る学校の先生と校長先生をやっていたんですけど、インドの貧民を見て、これじゃ駄目だ、ここに入っていかなきゃと辞表を書いて、出ていったんですね。それで倒れている人たちを抱きしめハグするときに、彼女の頭の中に収支計算書、正味財産増減計算書、財産目録、損益計算書などあるわけがない。だけども、お金のほうから寄ってくるんですね」

私も、初めて見た修道院がクリニックになっていました。みんなタダで面倒みている。医師はもう70過ぎですよ。二子玉川にあるフランチェスカなんとか修道院の吉野さんというんですけど。そういう人がしょっちゅう行っているんですよ。誰も分析できない。税金がどうのこうのとか。

「神様は優秀なリサーチャーだそうですね。いつも自分のやりたいことを、誰かを使ってやる。上から見てるんですって。『山谷でホスピスつくりたい？ よし手伝ってやるよ』となると、まず銀行員の金銭感覚を狂わせてしまう」

俗物的には、寄附のしがいがないと思う。表彰されるわけでもないし、銅像が建つわけでもない。それなのに、たとえばマダガスカルでのシスターたちの献身的な、困っている人たちに対する愛情の注ぎ方ったらない。こんな危険なところで体を張って、タダでやっているっていうんだから凄い。そういう気持ちや行動力、意志というのは周りに伝わり、いつの間にかシスターたちを中心に考えるようになり、回っていく。私も最初はよく分からなくて、なんなのと思ったんだけど、そこにいて見ていると、ちゃんと分かっちゃうようになっているんですね。

山本氏の施設での役割は資金繰りとスピリチュアルケア。毎朝、入所者の部屋をノックしては格言や名言を書いた紙を渡して、回っていく。

「○○さん、今日のワンポイントレッスンですよ。糖尿病で両足切りましたよね。東条英機さん知ってますよね。戦争犯罪人で裁かれましたけど、阿弥陀《あみだ》如来の弥勒《みろく》信仰に目覚めて、こんな辞世の句を詠んでいるんです。『さらばなり有為の奥山今日越えて　弥陀のみもとに往くぞうれしき』って。皆さんさようなら、きょう東条は娑婆《しゃば》を離れ死んでいくが、阿弥陀仏の極楽浄土へ参らせて頂ける。なんと幸せ者かって言うんです。それで勇気を持って平然と、13階段を上がっていったんですって。往くぞうれしき、ですよ。凄いですねえ。こんな心境になれたらいいですね」

アルコール依存症の入所者には、「嗚呼、晩酌楽しいな。アルコール生活　きぼうのいえ」と書いて渡し、酒を断ったという人には「さわやかな　ノンアルコール生活　きぼうのいえ」と詠んで配る。

談話室を覗くと、のんびり歓談する入所者たちの姿があり、指名手配犯のような悪相とやらをどうやって取り除いていったのか訊いてみた。

「簡単な話です。北朝鮮の将軍様のように、腕っぷしに頼り、力を誇示する生き方をしてきたのが、『きぼうのいえ』に来て、『あらあら粗相しちゃったのね、いいのよ』と言われ、パンツを取り替えてもらえる、おむつを取り替えてもらえる。なんでなんだ、幾らなんだ、なに、タダ？　信じられんとなったときに、『あのね、こういう生き方もあるんですよ』

と変わるんですよね。『製薬会社から幾らもらってんだ』『支援とかいって俺たちを出しにして儲けてんだろう』『どこが希望だ』とか言ってたのが、そんな生き方、世の中にあるんだと気づいて自分を省みるようになる。いろいろありますが、人間が劇的に変わる瞬間に立ち会えて、逝かれるときに『ありがとう』と言っていただける。『きぼうのいえ』を止めようじゃなくって、続けようと思うようになったのは、そういうことがあるからです」

それで、どこに葬られるのでしょうか。

「長野県の伊那市に400万円でお墓を買いまして、普通は血縁とか、宗教宗派が違うといけないんですけど、そういうのと無関係に納められるんです。私が埋葬の申込人になれる。仏教徒であろうとキリスト教徒であろうと創価学会だろうと、皆入れるんです。あるとき、山谷を歩いていると、『社長』と、ホームレスの男が話しかけてきたんです。『きぼうのいえってお墓あるんだって？　いいなあ、俺なんか生まれたときからホームレスで、死んだ後もホームレスだよ』と言うから、気の毒なことを言うなあ、だったらと考え、墓地利用者証なるカードをつくって、パウチに入れ、ホームレスたちに配ることにしました。そうすると、たとえ行き倒れても、このカードが遺留品の中から見つかれば、私のところへ来る。お墓にもきちんと入れるというわけです」

なるほど。でも、そういう面倒みるお金は？

「生活保護費だけでは足りません」

生活保護だって、持ってる人もいれば持ってない人もいる。

「末期がんになると、日本の社会保障制度の生活保護が自動的に立ち上がるようになっているんですね。人道上、孤独死させるわけにはいかないから。それでも赤字が出るんですけどね。衣食住だけ提供していればいいってもんじゃないんです。この人たちの心の傷ったら凄いですよ。3月10日の東京大空襲のとき学童疎開で青森にいました、宮城、九州にいました、お父さんお母さん、皆B29の落とした爆弾で焼死しました、行くとこないから浅草や上野の地下街で靴磨きをやる、洋モク拾いをやる、すいとんの食い逃げ、かっぱらいをやるというサバイバルを続け、自分以外は誰も信じられねえというメンタリティができ上がる。そういう世の中への怨嗟《えんさ》でいっぱいの人たちの心を変えるにはマンパワー、精神レベルの高い、無償の愛を持ったスタッフがいなければならない。ホームレスだからこそ衣食住じゃなくって、十分なメンタル、スピリチュアルケアが必要なんです。それにはどうするか。台東区からでている生活保護では足りない。キリスト教会を回って1日10万円、年間3650万円かき集めなければならないんです」

最も寄附してくれるのは、やはりカトリックだという。

私にもこんな思い出があります。学生時代に『ベン・ハー』という映画を有楽座で観た後、いたく感動して、これは俺もクリスチャンになんなきゃ駄目だと思って帰りに四ツ谷で電車を降りて聖イグナチオ教会に寄った。それで、「クリスチャンになりたいんですけど、手続きはどうやったらなれるんですか」って訊いたら、ファーザーだかが、映画の話を黙って聞いてくれて「あなた、もう少しお考えになったほうがよろしいんじゃないですか」って言うんです。「神様は決してお急ぎになりませんから」って。あの懐の深さというようなのは何なのか。あのとき以来行ってないんですけど。考えてみたら、うちは浄土真宗なんですね。「神様をどうお呼びしたらいいですか」って訊いたら、浄土真宗のような「おっさん」でいい、と。

「ここもそうですよ。懺悔《ざんげ》諸精霊があって、ポクポク（木魚）があって、観音経があって十字架がある。どの特定の教派教団、宗派集団に属していてもいい。こちらでは、お坊さんが十字架に向かって『イエス様、キリスト教の祈りはひとつも知りません。私は浄土宗ですからお経を唱えさせていただきます』と言い、ナンマイダナンマイダとやる。くるりと振り返り、参列者に『皆さんご信心はいろいろおありでしょう。ここは心をひとつにして、皆さんで南無阿弥陀仏を10回』と言って唱和するんです。そういうのを宗教多元主義といって、頂上へと登る階段はどこを登ってもいい、ただ頂上は一緒ですという考え方。日本のみならず1960年代くらいからはじまったクリスチャンじゃないと救われないという考え方がいかにちまちましているかっていうことですよ。もう宗教なんか関係ない、なくったっていい。神様はよきにはからってくれる。マザー・テレサが全ての命をのみ込んでいく事業をやったように、僕も山谷を日本のガンジス河にするのだあと思ったんです。ホスピスというのは神様のいる天国の世界への通路となっている。ということは、ここは聖地になっている。僕は霊能力とかないんですけど、ちょっと怪しい江原啓之《ひろゆき》さんと付き合ったことがあって、うちを霊視してもらったところ、『きぼうのいえ』から天界へ向かってゴールデンブリッジが架かっているんだそうです。この辺りは昔、年に3万6000人もの人たちが死んでいったんです。今は3500人まで減っていますけど、その魂がここに助けを求めてきている。それから小塚原《こづかっぱら》の処刑場で20万人も死者が出ている。吉原では結核とか梅毒で死んでいる。無縁仏になっているのが、ここへきて上がっていってるんですって」

無辜《むこ》の無名の人々、山谷の不幸な人々、吉原のかわいそうな女の子、いわゆる世間から後ろ指さされた人たちが皆集まってきている。全部ここにつながっているんです。あと25年くらい寿命が残っているとして、生きられるなら、山谷をサンクチュアリにしたい。サンクチュアリ計画を持っているんです。ここに『きぼうのいえ』を建てたとき、俺の仕事は終わったと思ったんです。でもそうじゃなかった。ここでお祈りしているとき、神様に後ろからどつかれたような気がしたんです。『お前な、ちょっと考えてみ。山谷には3500人ものホームレスがおるぞ。お前のホスピスは定員が32人だ。100分の1じゃないか。あとの99％放っておいて満足するのか、なんとかせい』って。それで考えました。ハコモノをあと99個もつくるのは大変だけれども、理念を持っているヘルパーステーションをいっぱいつくって、ヘルパーを養成して、ドヤ街の隅々にまで広めていけばいいんだ、介護保険を使ったらどうかって思いついたんです」

そりゃあいい。うまい具合に偉い奴とコネつくってやるべきです。山本氏の口元に笑みが広がっていきます。

「たとえば僕なんかが年金をもらうようになったとして、考えてみると月に12万～13万円ですよ。それで特別養護老人ホームなんて入れるわけがない。有料のホームなんてもっと無理。どうしたらいいかと調べたところ、サービス付き高齢者向け住宅というのを国は推進しているんですね。そこは在宅型で最期まで看取ることができる。往診医は来る、訪問看護も来る。最期まで自分のコミュニティで死ぬことができるんです。そんな一般庶民のための、戦後を支えた庶民の集合住宅を僕はつくりたい。難民の問題にも取り組みたい。難民というと周りがうるさいから留学生として、台東国際交流会館をつくっちゃえって思うんです。3000坪の土地が台東区にあるんですよ。110億円規模でホームレスのホスピスと貧乏人のホスピス、難民のお家、母子家庭の長期滞在施設、乳児院、二十歳までいられる児童養護施設、医療施設、介護施設、看護施設もつくる。この辺は経済が活発じゃないから、スーパーマーケット、ファミリーレストラン、ドラッグストア、ダイソーなども呼んでくる。QBハウスも呼んでくる。そうやって山谷のハートウェアタウン実行委員会という社団法人を勝手に自分で立ち上げちゃって、台東区から50億円引き出し、民間からのお金も引きずり込んじゃって、銀行も入れて、約1000人の街をつくって、山谷を世界中から視察団が来る、名実共にサンクチュアリにしてやるんだあというのが僕の夢。2020年東京五輪までに日本からスラムを無くしたい。そうやって死ぬまで暴れて暴れて暴れ抜いた挙句、討ち死にしてやるんだあ。そうした人たちに必要なのは共産主義でもなければ公安でも機動隊でも政治でも社会主義でもない。国に陳情したって仕方ない。自分たちで動かなきゃならない。そして本当に必要とされるのはここにいるヘルパーさんのような母性なんですよ。私も女性が大好き。ホテトル、マントル、ピンサロと時代の解禁と共に性の歩みを進めてきた。図書券で成人雑誌を買うような奴ですから」

山本氏は、ご結婚されたりはしないのか。

「あります。いえ、ありました。実は結婚していたんですが、4年前に男をつくって夜逃げされちゃったんですよ」

こういう仕事に愛想を尽かしたとか？

「いえいえ、一緒にやりたいって来たんですよ。ところが古代エジプトの神・ラーの生まれ変わりであるという男とできちゃったんです。もう寂しくて悲しくて、お酒に狂ってね。10日間、焼酎を浴びるように飲んで、彼女の名前を呼びながら泣き暮れていたら、ガンマGTP3500、中性脂肪1500になって、心臓止まりそうになって浅草病院に救急車で運ばれたんです。それで辛うじて戻ってきたら『社長』って僕を呼び止めて、山谷のおじさんたちが言うんです。『アンタも女に逃げられたか』って。バカヤローって続くのかと思ったら、『先生一緒に生きていきましょう。仲間だあ』って肩を叩かれた。ああ、自分もようやく山谷の男になったんだって思いましたね」

礼拝堂の穏やかに微笑む遺影からは、煉獄《れんごく》を経て贖罪《しょくざい》を得た様子が窺える。ただし、昇天するその瞬間まで呻吟《しんぎん》し、煩悶《はんもん》し、ほとんどが「こんな俺に存在意義はあんのか」と問い続けるという。「でたらめ人生」にケリをつけるのは誰だって容易じゃない。

矢吹丈は「明日のために、その一」「その二」と課題に取り組み、ボクシングを習得した。親なし宿なしで社会からあぶれ、たったひとり彷徨《さまよ》うだけの人生から脱却するため。リングで叩きのめされ、白いマットに血反吐《へど》を吐きながら、雲のような夢をつかもうと毎日ファイトするなか、ある日気が付く。明日より、昨日までの時間が長くなっていて、明日は残り少ないということを。明日は何だったのか。振り返ってみて、そこにあるもの、伸ばした手をひらいて、空虚に感じられたとき、どうすればいいのか混乱するのは誰だって同じ。もはやリングに上がる体力もなければ、ひとりで生活することもままならない。

そんな男たちに向かって、山本氏は「あのね」とこう言うのだとか。

「福沢諭吉が人間にとって一番寂しいことはする仕事がないことですって言ってるけれど、皆さんはエイズや末期がんというダイナマイトを体の中に抱え、24時間戦っているんだぜ。それはどえりゃあ仕事ですよ。正々堂々と病気と向き合えば、殉職できるぞ」

身寄りなく孤立し孤独死が当たり前になっている無縁社会、底の抜けた日本社会の福祉、「下流老人」という言葉が流行り、老後という言葉すらなくなり、食うや食わずの「高齢者」たちを喰《く》いモノにする詐欺が跋扈している、このガサツで嫌な感じの日本社会、老前整理や終活という言葉がメディアで喧伝《けんでん》されている。

「私は救って救って救いまくった挙句、ワッハッハと笑って討ち死にするのが本懐。元ピンサロとかソープ嬢を身請けしたいな」と山本氏。「カントクはどうです?」と言う。

私はもうこっそりと……。別に葬式も何もいらなくて……。アフリカなんかにロケに行って行方不明になり、事故ったかどうかも分からない。ロケ行ったまま帰ってこない、遺体も骨も何もありませんというのがいいですね。日本でおっ死んで火葬となったときも、骨揚げなんて嫌。火力を強めて、骨も燃やし尽くされたい。私は東京大空襲の生き残りですから、猫の骨壺くらい、小さいのに遺灰をちょっとだけ残して、夜中にタクシーで勝鬨《かちどき》橋に行って真ん中んところにちょこんと置いて散骨してくれたら、もう言うことは何もない。

まあ、どんな最期となるかは分からない。「だからこそ、義理とか人情に縛られず、やりたいことをやる」と山本氏は言う。

私も同感。寝たきりとか、どうしようもない場合は除いて、生きている限り労働していくってのがいいんじゃないか。やりたいことをずっとやらせてもらってきた分際で言うのもなんですけど、人間、生きて体が動く以上は労働したい。その後のことはあんまり考えなくたっていい。いい歳になったら、余計な義理とかに縛られなくていいんです。

奇想天外だけれども、本当のこと。この対談中、記者の眼鏡のレンズが片方、パリンという音と共にフレームから外れ落ちました。

わけ分かんないことって、世の中には結構あるんです。だから面白い。

吉原大門の向こうで……

山谷のドヤ街を出て、車で日本堤の街を行くと、目と鼻の先に吉原大門の看板が見えてきます。見えると言っても、信号機の横に看板で「吉原大門」とあるだけで、あの遊郭への入口というには、いささか素っ気ない。このあたりに、蹴っ飛ばしの老舗があったはずですが……。スタッフがネットで調べ、桜鍋の老舗「中江」が出てきました。店のホームページを開くと、こう書いてある。

《文明開花の中、桜鍋はハイカラなグルメとして誕生しました。

当時、遊郭があり、粋な歓楽街として栄えていた吉原には桜鍋を売る店が二十軒以上も軒を連ね、吉原名物、数少ない東京の郷土料理として、吉原遊郭行き帰りの粋客から朝・夜問わず食されたといいます。明治38年に中江もその中の一店舗として暖簾を掲げました。遊郭からの朝帰りのお客様、昼食、夕方は遊郭へ繰り出す前の腹ごしらえ、そして深夜は遊郭帰りの夜食にと、中江は一日中賑わっていたそうです。

創業当時はライバル店がたくさんありましたが、現在吉原に残ったのは中江だけになってしまいました》

ちょいとお銚子を傾けて、ぐつぐつの鍋に箸《はし》をつけてみたい。ですが、あいにくこの日は夕方5時からの営業でありまして。戦火を免れたという店の歴史を感じさせる外観、看板を眺めるだけで、吉原大門をくぐりました。細い道が曲がりくねっているのは、街道から中の遊郭が見えにくいようにしたから。出るときも入るときも、まっすぐ着かないようにすることで、一般社会とは違う場所という印象を際立たせる演出だったとか。粋ですねえ。

吉原交番を目印に、目当てのソープランドを探します。吉原を訪れるのは、約3年ぶり。吉原に初のファッションヘルスができたと聞いて取材して以来です。

やっぱり風俗の王様はソープランドです。いろんな業界、社会、警察ともつながり、たとえば角界でも二所ノ関一門ならどこの系列店と、通う店が決まっていたりする。そういう付き合いがあるんです。昔は客のタクシーの渋滞ができて、歩けないくらいだったんですけどね。

ゆっくりと歩くと、「あ、どうも」と店頭の黒服さんから声がかかります。

「どうですか」

「ええ、まあ」

平日の昼下がりということもあって、歩いて遊郭を流す客の姿はなく、黒服さんが威勢良く手を叩く音も聞こえてこない。川崎の堀之内など近郊のソープランド街は閑古鳥が鳴いているところが多く、まだ吉原はましといいますが、実際に歩くと、三ノ輪や鶯谷から客を送迎する白いバンが静かに行き交っているだけ。

これも少子高齢化の世相なのでしょうが、今ならではの光景もある。年金受給日に自転車を漕いで来たりと、好色じいさんがたくさん来ているというのです。40分9000円～という価格などで人気の「スウィートキッス」を見つけました。

吉原でソープ嬢の写真を撮影しているカメラマンで、高級店「ギャルズコレクション」

代表でもある酒井順彦氏が出迎えてくれます。多くの高齢者が通うソープランドの取材をアテンドしてくれました。

薄暗い階段を2階へ上がり、扉を開けると、夢華さんがいました。ちょっと小柄でふくよかな胸の覗く、親しみやすい笑顔のコンパニオンです。

「俺みたいな、いい歳のお客がよく来るって聞いてね」と言うと、

「ええ、いらっしゃいますよ」とこう言います。

「階段を上がるのに何分もかかる方もいれば、顔はおじいちゃまでも首から下がムキムキで、歩いて来る方もいるし、『地元にソープがないんだ』と言って、長野や新潟から新幹線で遠征して来られたりしますよ。年金世代がヨボヨボというのは昔の話。今は80代でも普通に毎週通ってくださいます。皆さん心意気といいますか、『したい』という気持ちがとても強くて、かっこいいですよ」

「俺なんか、できるできないより、鏡に映った自分の裸を見るだけで嫌になっちゃう。尻は垂れて、しわくちゃだし、肌はくすんで、どこから見ても老人。あんたみたいに若くてふくよかな女と風呂なんかに入っているところを想像しただけで気後れするというか、みっともなくって、こんなとこ、とても来られやしない。昔はおかまに狙われるくらい、か

わいい青年だったんだけどねえ」

「あら、おじいちゃんって、こういう店の女の子は大好きですよ。少なくとも私はそう。経験豊富で優しくて。嫌われないどころか、どのお店に行っても優遇されると思いますよ。お店の女の子はぴちぴちがいいと思うけど、お客さんはおじいちゃまがいいです」

「若いのを相手するより楽というのもあるんじゃない」

「たしかに、若い人がいかにもやるぞっていう感じで来られると、ああ私も頑張んなきゃって身構えちゃう部分はあります。でも、今の若い子、たとえば20代前半くらいの男の子は本当に草食系というか、オタクみたいなのが普通で、舐めたり触ったりするのも嫌がったりして、どう相手にしたらいいか分からないことが少なくないんです。私にも弟がいるんですけど、アニメとアイドルが好きで、アリーナでペンライトを振っている話をされたりすると、もうついていけない。おじいちゃんのほうが和むし、話すことも、たとえば山登りしたとか、そこで撮ったお花の写真を見せて話してくれたり、お土産を買ってきてくれたりする。私の話にも耳を傾けてくれて、アドバイスしてくれたりもするので、おじいちゃまのほうが断然素敵です！」

　高齢化の流れは吉原のスタッフにもあり、酒井氏によると、泡姫が還暦過ぎの熟女揃いなら、黒服やスタッフも年金手帳を持っている世代という店もあり人気なのだとか。

「働く側はともかく、客としてソープにあがる高齢者はバイアグラでも飲んでくるの？」と訊いてみました。

「そういう方が3分の1。3分の1はできないけれど、女のコと触れ合いたいという方で、あとの3分の1は、ちゃんと、されます。おじいちゃまも大きくなるんだって最初は驚いちゃいましたけど、皆さん普段からオナニーもされているそうですよ」

体力の衰えもあって、大抵が騎乗位での合体となりますが、「イッた」と言って無邪気に喜んだりしている、と。

「射精もしているってこと？」

「それが、オチンチンを見ても何も出てないんですよ。ご本人はイッた意識があるようですが」

それなら分かる。空砲でも痙攣し射精したような気持ちになるんです。

そう頷いたものの、夢華さんの口から飛び出す性に貪欲で臆しない好色じいさんたちのパワーには「凄いですね」と言うしかない。3回もいたしていく強者のみならず、勃起せず、当然、挿入できないながらも、正常位で腰を振る「エアセックス」をはじめたり、割り箸をコンドームの中に入れて添え木のように使い、勃たなくても挿入感だけは味わおうとしたり、あそこに吸い付いて、何十分も舌を這わす舐め達磨がいたり、セックスへの情熱、性欲は止《とど》まるところを知らない。

「割り箸の話は妻から聞きました」と酒井氏。酒井氏の夫人は元高級ソープのナンバーワンで、性技に詳しい。

「実演してもらったんで、たしかです」と言いました。

そこまでして、セックスの快楽を味わわせてあげようっていう心意気が素晴らしい。人間は生まれながらにして、快楽を求める権利がある。そう思っても、なかなか足が向かないものですが、実際に、吉原まで通ってくるというのが、またいい。好色じいさんはどんな御仁なのでしょうか。

「それが、奥さんとも仲良くて今もしているとか、やっぱり安定して、恵まれている方が多いかなあ」

なるほど、定期的っていうのが、長く楽しむ秘訣なのでしょう。

「今はジェネリックもありますし、バイアグラよりずっといいといわれるＥＤ治療薬がたくさんあるんです」と酒井氏。「一度服用すると、24時間勃ちっぱなしで、股間を隠すようにして来られたりしますよ」と続きます。

そういえば、この前医者に行ったとき、義理ある女がいるんでこっそりと、何かいいのがないか訊いたんですが、3種類ぐらい挙げていた。書いておけばよかった。

デリヘルをはじめとする風俗は、借金や生活苦の女たちが仕方なく従事しているという印象はぬぐえない。ただ、目的は金にせよ、仕事があるだけありがたいという前向きな考えの持ち主が増えていたり、交わりそのものを好む嬢がいるのもまた事実なのである。

夢華さんの場合、夫とのセックスレスがソープ嬢をはじめたきっかけでした。「吉原年齢」というのがあり、20代前半としているが、30代サラリーマンの夫とほぼ同年代というから、もう少し上なのでしょう。夫婦仲が悪いというわけでは決してなく、外出時にいつも手をつなぐくらい良好だが、ことセックスに関してのみ、月1回がせいぜい。ちょっと頑張ると、ペニスが腫れてしまうのだそうです。

「二十歳そこそこで結婚した当初からそういう状態で、それが普通だと思ってたんですけど、友達から全然違うという話を聞かされて、驚いたんです。我慢していればいいのかもしれないけど、このままじゃ浮気しちゃうかもっていうところまでいってしまい、ソープに入ることを決めました。今は週2回くらいのペースで、主人にはパートだって言っています。いただいたお金でエステに行ったり、友達とのご飯代に使ってます」

客もいろいろなら、働く風俗嬢もいろいろ。最近は身体障害者の人とかも来るそうです。日本で2013年公開の米映画に『セッションズ』という作品があり、首から下が麻痺した主人公の男が「セックス・サロゲート」という介添え役、身障者相手の風俗嬢との出会いによって、性の歓びを知っていく話でした。そういう事情のある客を受け入れる機能も吉原には、ある。

「ここにいるという時点で、どんな方がお見えになってもお相手をするんだという決意みたいなものを固めていると思います。どの店の子も。私もそうです」

女だって閉経した後、性欲が上がるっていう話もあるし、人間にとって、良いセックスをしている生活ほどの幸せはない。もっと幅広く、奥深く、きめ細かにいってほしいですね。「死ぬまでセックス」と週刊誌は喧伝するけれど、この国の風俗はもはや文化。ただの老齢社会じゃないってことです。

昔は息子をソープに連れてきて、「面倒をみてくれ」と馴染みの姫に頼んでいたという、2代にわたって面倒をみてもらっていた話を思い出しました。死ぬまでセックスを邁進《まいしん》するじいさんたちの息子たちは、50歳前後でしょうか。その息子をソープに連れていったりしているとは思えませんけど、今は若い息子たちが将来じいさんになったとき、この国の性文化はどのようになっているのでしょうか。

一息ついて、店を出ると、打ち水のあとか、連日の雨の名残か分かりませんが、路上にできた水たまりが夕陽を反射しています。ちょっとドブ臭さの混じった雨、懐かしい路地の香りがします。

終章

歌舞伎町に戻って、今回の取材で最初に訪れたハプバーの扉を開けると、店主のN氏の後ろから、小柄な女性が顔を出しました。ハプバーというのは、身分確認を通れば、基本的に女性は無料で入ることができる。

そういうこともあって、毎日のようにやってきたり、始発までの塒《ねぐら》にしたりする女もいて、店に住み着いているケースもあると聞き、インタビューできないか、リクエストしていたのです。

彩さんはほんわかと柔らかい雰囲気をまとい、そばにいると気持ちを和ませてくれる。そんな魅力があります。ごく普通の、幸せに暮らしている学生や若奥さんの印象ですが、いろいろあって家を飛び出し、歌舞伎町にやってきた。そして、ハプバーに3カ月ほど、住んでいたような時期があるというのです。

その昔、東北からの家出娘が東京に出てきたとき、「生まれて初めて食べた天丼がおいしくておいしくて、こんなにおいしい食べ物があるんだと驚いた」と言っていました。彩さんはこう言います。

「私は関東近郊で育ったので、そこまで東京に憧れたということはないですね。天丼は私も好きですけどね。ハプバーは渋谷のお店に行ったのがはじまりでした。お酒を飲みたかったし、どんなことをやっているのか知りたかったし、面白そうで。もちろん、どんなお店か分からないから、最初は勇気がいりました。ネットで調べ、そして明け方の閉店30分前とかに行ってみて、雰囲気とか、大丈夫かどうか、自分に合っているのかどうか、見るんです。そうやって回って、居着いちゃったのが、このクンニクマンのお店です。お店に入ってくるときに『ただいまあ』と言ったりして、居心地良かったですよ。私がお金なくて、100円しか持っていないこととか、常連さんの間でなんとなく知れ渡って、ご飯を食べに連れていってもらったりしていました」

風俗には、訳ありの女たちの受け皿の機能がありますが、彩さんにとっては、ハプバーが駆け込み寺のような場所だったのでしょう。風俗店の待合室で寝泊まりしたり、インターネットカフェなどを転々とする「ホームレス風俗嬢」も少なからずいるという時代だけに、「このお店があって良かった」というのは心の底からの思いなのでしょう。

とはいえ、ハプバーも風俗ですから、セックスとは切り離せない。そのあたりは、どうしていたのか。

彩さんはテキーラのオレンジジュース割りを一口飲んでから、16歳での初体験から、相当数の相手と経験があることを、打ち明けてくれました。ハプバーで「乱交」を趣味とする男女の集まりを取材しましたが、彩さんもしていたのでしょうか。

「経験がないわけじゃないんですけど、しているときに見られると集中できないし、人がしているのを見るのも、間近だと気持ち悪くなるので、遠巻きに、眺める程度ですね。お店では、したい人どうしをくっつけたり、この人とこの人なら合うという人どうしをさりげなく紹介していました。ハプバーは、女の子にとっても自分をさらけ出せる場所かもしれない」

かねてから、女向けの風俗がないのはおかしいと思ってはいた。キャバクラばかりだった歌舞伎町の主役が、ある時期からホストクラブに取って代わられたように、風俗も、女が主役になる店が増えていっても、何ら不思議ではない。

風俗には、後ろ暗いイメージもつきまとうけれども、かつて立川談志が落語について「人間の業を肯定する」と言ったように、善し悪しを超えて、煩悩をも受け入れる奥深さがある。さらに彩さんからは、こんな話がありました。

ハプバー通いを終えて、今は都内のシェアハウスで同性と暮らしている。デリヘルなど風俗での貯金がその足がかりになった。今も月に1回程度、デリヘル業に従事している。月1回というのはどういうことか、訊くとこう言うのです。

「体が不自由な方向けのデリヘルというわけじゃないんですけど、50代の、車椅子の男性に呼んでもらって、毎回4〜5時間、相手をしているんです。絶倫というわけでもないと思うんですが、『何回でも出ちゃうんだよ』って」

乙武君の不倫騒動で明らかになった通り、体が不自由だろうと、性欲はある。体は不自由でも性は自由というか、むしろ旺盛ということもある。これまで悶々と身もだえながら生きてきて、彩さんとの出会いによって、その50代の男がようやく自らの性を解放させ、満足を得ているとしたら……。

「毎月、君に会える日をカレンダーに印をつけて、楽しみにしていると思いますよ。それだけを楽しみに生きているのかもしれない」

私が、そう言ったところ、実は同じ50代で、もうひとり別にスポンサーがいるというのです。

「やはりお客さんなんですが、他の誰かの相手をするのは止めてほしいと言って、私がお店に出る分を立て替えて払ってくれているんです。向こうは恋愛感情を持っていると思います」

昔の言い方をするならば、彩さんを囲いたいのでしょう。平坦ではない生き方をしてきた彼女だからこそ、50代の男ふたりを受け入れる度量のようなものがあるのも分かる。

N氏によれば、最近は80代の「超熟女」が、孤独な中高年や、若いサラリーマンに人気なのだとか。その女性はフリーの風俗嬢、「立ちんぼ」のため、まだ接触できてはいないのですけれども、取材は続けていきます。

彩さんの話を聞いていると、同じビルで店を出している瀬里奈ママが顔を見せに来てくれました。還暦を過ぎてから、女装趣味をカミングアウトした男性と知り合いで、こちらもインタビューを申し込んでいます。

女装趣味について、瀬里奈さんに訊くと、こう言いました。

「私の知るSMの世界で女装というと、昔は牝豚、マゾの表現のひとつみたいなものだったけど、最近は綺麗な女装が出てきて、女装した自分に酔いしれていたり、嗜好が細分化している」

瀬里奈さんによれば、愛車のマフラーに自分の分身を挿れてセックスする男が増えているそうです。映画『悪の法則』の中でキャメロン・ディアスが車のフロントガラスに股間をすりつけて、セックスする場面がありますが、人間の性欲は限りなく貪欲で終わりがない。

先日は「世界一のヴァギナを決める」という前代未聞のコンテストがあり、世界中の女たちが自らの性器を写した画像を応募していることを知った。

「お前が深淵を長く覗くならば、深淵もまた、お前を見返す」

ニーチェを引くまでもなく、性欲から我が人生を振り返り、性欲を通じて、世相を長く覗いた結果、その深淵に突き当たった感触がある。もう遥か昔の、届かない女に夢の中でふと再会できたような。女を求め、物陰からじっと盗み見ている自分自身と、目と目が合ってしまった驚きや落ち着きのなさもある。

今回、なかなか表沙汰にならない風俗の世界を覗き見て、性と生が鮮やかに関わっていることを実感した。N氏の店で、平日の夕方、楽しそうに性を語らう彩さん、瀬里奈さんを見て、ふと、「私、ずるいんです」という原節子さんの台詞が聞こえました。

映画『東京物語』のラスト、夫を戦争で亡くした未亡人の役で、身の振り方を心配する義父の笠智衆さんに「ずるいんです」と言うのだ。

その意味が分かるまで、10年以上を要した。夫が亡き後も操をたてる女の生き方というのは、武士道の悪しき影響だと思う。そうした壁を21世紀の女たちがやすやすと乗り越え、また男たちも、苦渋に満ちた性生活から逃れ、さりげなく自分を解放している姿を見聞きして、時代の変容みたいなものを感じたからだ。

そして風俗を通じて、究極の自己実現をしている。究極の自己実現が風俗の醍醐味で、望む望まないにかかわらず己の業と向き合うことになる。向き合わなくちゃならないのである。自分でも認めたくない、制御できないでいる煩悩と。本能と。このあたりが「風俗の病い」の病いたる所以なのだろう。


最後にささやかな風俗体験をひとつ。その昔、歌舞伎町の中国エステだかで、吉林省出身の女と会ったことがある。こちらの顔を知らないだろうし、こっそりと息抜きのつもりでしたけど、つい昨日まで畑仕事をしていたかのような逞しい手足の筋肉、化粧っ気のない生の体臭、息づかいに、遠い国の大地の匂いを感じました。

ああ、これが風俗の醍醐味なんだって思った。ちょっとした火遊び、息抜きだろうが、そこに一期一会の逢瀬の醍醐味があるのもまた事実で、何がどう飛び出すか分からない。

ハプバーで「乱交」を楽しむ中年男女に会ったとき、複数の相手との交尾を繰り返すボノボ的な愛あるフリーセックス、新しい男女関係のスタイルを見た思いがしたものですけど、現実世界は、それとは逆の方向に進んでいる。

部族内での殺し合いが当たり前のゴリラに近づいていっているようでもある。ゴリラのハーレムは、ボスが交代すると、前のボスのもとで生まれた子どもたちを新たなボスが食い殺す。新しい染色体をメスに受け入れさせるためなどといわれていますが、要は子殺し、家族殺しです。

よもや人間の女が、自分の子どもを殺す男に愛情を抱くとは思わない。常識的にまずありえない。

ところが現実は、新しい男が子どもを虐待するのを許している。母よりも女であることの本能が勝つのかどうか。たしかなことは、最も弱いところへ向かう暴力といい、手加減を知らないやり口といい、野生のサルに先祖がえりしている。サルは高等になるほど、本能からくる暴力衝動に身を任せないというのだから、それ以下の兆候、人類絶滅のピンチだと思いますね。

風俗、性についても、ピンク映画や小説によって妄想をかきたててきた世代からすると、インターネットなどで赤裸々になって羨ましい反面、執拗なこだわりが消えていくのが気になります。

人生は妄想だ。妄想が世の中を動かし、人類を前へと進める。

妄《みだ》り、猥《みだ》り、濫《みだ》り。淫らな心。なんて、素敵な響きなのかと思う。スマホやパソコンを触れば、たいていの情報が瞬時に表示される今、悶々とした性欲に身悶えしたり、情動に突き上げられるような瞬間はもう訪れないのかもしれない。

「妄想してるだけで、なにがあるんです？」とスマホ片手の若者は言いそうだけれども、妄想、想像力の欠如が優しさの欠如につながり、犯罪を誘発しているのではないか。

妄想がその翼をいっぱいに広げる性、風俗はどうなっているのか。昭和から平成にかけ、ネオン街を歩き、風俗の現場を見てきたが、ひょっとすると今は転換期に来ているのではないか。そうした疑問からはじまったのが、日刊ゲンダイでの連載。それをさらに推し進め、掘り下げ、この国の風俗の変遷を振り返りながら、明日に向かっている今を浮き彫りにしようと、はじまったのが、この本である。いずれも日刊ゲンダイの長《おさ》昭彦がナビゲート、構成した。改めて歌舞伎町を歩き、風俗の界隈で生きている人たちと出会い、交流することで、妄想の力を再認識することができた。

クンニクマンなんて、嘘みたいでしょう。でも本当にいるのです。風俗は嘘みたいな話ばかりだけど、現実なのだ。妄想が本当にある。こういうおかしな世界が多少なりとも面白いかもと思っていただけたとしたら、本望です。

超高齢化社会のこの国では、週刊誌などで「死ぬまでセックス」が毎週のように喧伝され、謳われている。それはそれで良しとしても、高齢者が性的弱者であることに間違いはない。それが歳をとった私の実感だ。ただ、性的弱者であっても、性欲が無くなったわけじゃない。もう死ぬまでずっと、それこそ燃え尽きる瞬間まで、それに向き合っていくしかないのだと私は思う。妄想の翼を広げて。この性という病い、マグマは生そのものなのだから。人間そのものなのだから。そう、お世話になった方々は多い。感謝。

幻冬舎新書 437

風俗という病い

二〇一六年 十 月三十日 第一刷発行
二〇一六年十一月 十 日 第二刷発行

著者 山本晋也

発行人 見城 徹
編集人 志儀保博
発行所 株式会社 幻冬舎
〒一五一-〇〇五一 東京都渋谷区千駄ヶ谷四-九-七
電話 〇三-五四一一-六二一一(編集)
〇三-五四一一-六二二二(営業)
振替 〇〇一二〇-八-七六七六四三
ブックデザイン 鈴木成一デザイン室
印刷・製本所 株式会社 光邦

Printed in Japan ISBN978-4-344-98438-7 C0295
や-14-1